회사 실무에 힘을 주는
프리미어 프로

회사 실무에 힘을 주는
프리미어 프로

초판 1쇄 인쇄 | 2021년 3월 1일
초판 1쇄 발행 | 2021년 3월 5일

지 은 이 | 김시완, 전혜원
발 행 인 | 이상만
발 행 처 | 정보문화사

책임 편집 | 노미라

주   소 | 서울시 종로구 동숭길 113(정보빌딩)
전   화 | (02)3673-0037(편집부) / (02)3673-0114(代)
팩   스 | (02)3673-0260
등   록 | 1990년 2월 14일 제1-1013호
홈페이지 | www.infopub.co.kr

I S B N | 978-89-5674-904-4

회사 실무 시리즈

Premiere Pro 2020

회사 실무의
핵심 전략서

회사 실무에 힘을 주는

프리미어 프로

김시완, 전혜원 지음

정보문화사
Information Publishing Group

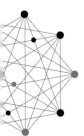

머리말

누구나 자신만의 영상을 만들고 편집하는 시대가 왔습니다. 이제 프리미어 프로를 비롯한 영상 편집 툴은 이전의 한글이나 파워포인트, 엑셀처럼 일상에서도 자주 활용하는 프로그램이 되었습니다. 영상 편집이라고 하면 어렵게 생각할 수도 있지만, 기본적인 툴 사용법을 익히고 간단한 예제를 따라 하다 보면 누구나 쉽게 배울 수 있습니다.

특히 이 책은 처음 프리미어 프로를 만나는 초보자도 차근차근 개념을 알아갈 수 있도록 구성하였습니다. 한번만 짧게 배워두면 길게 써먹을 수 있는 프리미어 프로의 다양한 기능과 예제를 바탕으로 기본부터 심화까지 아울러 알차게 배울 수 있습니다. 또한, 한글판과 영문판을 혼용하여 언어 선호도에 따라 프로그램을 사용할 수 있도록 설명하였습니다.

영상 편집 프로그램이 익숙해지기까지는 시간이 필요한 만큼 편집자의 태도가 중요합니다. 나만의 영상을 완성하고 싶다는 마음만 있다면 이 책이 좋은 가이드가 되어줄 것입니다. 학습할 때 독자 여러분의 즐거움을 더하기 위해 여행 크리에이터로 활동한 저자가 직접 찍은 여행 영상을 예제로 제공하였습니다.

필요에 의해, 자기 개발을 위해 또는 그냥 영상 편집이 궁금해서, 시작의 이유가 어떻든 툴 하나를 배우고 나면 아는 만큼 더 넓고 깊게 상상할 수 있습니다. 크리에이터의 첫발을 내딛은 여러분들이 마음속에 있는 창작 욕구를 실현하는 데 이 책이 조금이나마 도움이 되기 바랍니다. 마지막으로 집필을 시작할 수 있도록 기회를 주시고 책이 완성된 지금까지 도움을 준 정보문화사에 감사한 마음을 전합니다.

오와 스튜디오 OWA STUDIO
youtube.com/channel/UCZ0bRyOgAEJ4PkHnaitrllw

오와 스튜디오 OWA STUDIO는 두 저자의 디지털 콘텐츠 제작 경험을 기반으로 프리미어 프로 원데이 클래스를 다수 진행해 왔습니다. 앞으로도 크리에이터로서 첫발을 내딛는 분들에게 도움이 되는 콘텐츠를 만들고자 합니다.

정보문화사 홈페이지(infopub.co.kr) 자료실에서 예제 파일과 완성 파일을 다운받을 수 있습니다.

저자 씀

프리미어 프로 소개

텍스트에서 이미지로, 이미지에서 영상으로 콘텐츠의 형식이 변화하였습니다. 이제는 세대에 관계 없이 많은 사람들이 영상에 더욱 익숙해졌으며 누구나 영상 편집을 시도할 수 있는 환경이 갖춰졌 습니다. 모바일과 PC에서 영상을 편집할 수 있는 프로그램도 많습니다. 그중에서도 가장 보편적으로 쓰이고 있는 영상 편집 툴인 프리미어 프로를 소개합니다.

프리미어 프로는 Adobe사에서 출시한 동영상 편집 프로그램으로 직관적인 인터페이스로 구성되어 있으며 다수의 사용자를 보유하고 있습니다. 영상 편집에 필요한 기본 기능부터 전문가 기능까지 폭넓게 포함하고 있어 영상을 다루는 누구에게나 적절합니다. 초심자를 위한 교육을 제공하고 있기 때문에 영상 편집 초심자도 쉽게 접근할 수 있습니다. 다양한 기능을 활용할 수 있는 만큼 현재 유튜브에서 가장 많은 강의를 찾아볼 수 있는 영상 편집 플랫폼이기도 합니다. 적용해 보고 싶은 효과나 새로운 기능이 궁금할 때 쉽게 그 방법을 찾아볼 수 있다는 점도 또 하나의 장점입니다.

또한, 기존의 Adobe 프로그램(포토샵, 일러스트, 애프터 이펙트 등)과 긴밀하게 연결되고, 포토샵이나 일러스트에서 작업한 파일을 그대로 프리미어 프로에 옮겨서 활용 가능하다는 장점이 있습니다. 따라서 Adobe의 프로그램을 다뤄본 경험이 있다면 프리미어 프로를 보다 쉽게 배울 수 있다는 장점이 있습니다.

프리미어 프로는 윈도우OS와 맥OS 모두 지원되어 많은 사람들에게 널리 사용되고 있습니다. 언어는 영어와 한국어를 선택할 수 있으며, 필요시 이중 언어 기능을 쓸 수도 있습니다. 이 책에서는 이중 언어 표기 방식을 따라 한국어 버전과 영어 버전 모두를 아우르고자 합니다.

프리미어 프로 프로그램에 대한 간략한 이해를 마쳤다면 이제 본격적으로 프리미어 프로를 배워보겠습니다.

최신 회사 영상 트렌드

영상 편집 프로그램이 많은 사람들에게 알려지면서 방송사 못지 않게 재미있는 영상들이 만들어지고 있습니다. 영상 편집은 이제 전문가들의 분야가 아니라 일반 사람들에게도 익숙한 기술이 되었습니다. 최근 사람들이 어떤 방식으로 영상을 활용하는지 트렌드를 알아보겠습니다.

예능 편집 스타일

방송사에서 쓰던 편집 스타일을 따른, 짧은 예능 형식의 영상입니다. 특히 많은 기업에서 마케팅의 일환으로, 기업 홍보 영상을 예능 형식으로 풀고 있습니다. 사람들에게 익숙한 방식의 방송사 자막을 따라하는가 하면, 효과음과 배경음악, 편집 방식 등도 유사하게 만듭니다. 사람들에게 익숙한 방식으로 재미있게 영상 콘텐츠를 풀어나갈 수 있다는 점에서 많은 사람들의 인기를 끌고있는 방식입니다.

브이로그(Vlog)

자신의 일상을 가감없이 보여주는 브이로그 형식입니다. 브이로그는 '비디오(Video)'와 '블로그(blog)'의 합성어입니다. 특히 회사에서 직무를 소개할 때 취하는 형식이기도 합니다. 직원 한명에게 카메라를 맡긴 후, 하루종일 영상을 찍게 하면서 해당 직무의 실무 모습을 보여줍니다.

GRWM(Get Ready With Me, 같이 준비해요)

브이로그에서 확장된 형식으로, 구글코리아에서 2020 트렌드로 뽑은 단어이기도 합니다. 출근하기 전 씻고 나가는 준비 과정을 자유롭게 담은 콘텐츠를 의미합니다. 친구처럼 대화하면서 시청자들이 자연스럽게 영상 속으로 스며들 수 있도록 합니다.

인터뷰

회사 영상 제작 초반에 크게 유행한 방식으로, 인물 한명과 깊게 인터뷰하고 이를 토대로 영상을 만들어 갑니다. 크게 질문과 답변의 포맷을 띕니다. 다른 형식에 비해 편집이 용이하고 원하는 바를 잘 전달할 수 있다는 장점이 있습니다.

웨비나(Webinar)

웨비나는 '웹(Web)'과 '세미나(Seminar)'의 합성어입니다. 코로나 바이러스가 유행하고, 언택트 시대가 도래하면서 기존 오프라인으로 진행하던 다양한 행사가 금지되었습니다. 이에 모든 활동을 온라인으로 변경하면서 회사 내에서 자체적으로 웨비나를 진행해야 하는 경우가 생겨 최근 활발하게 활용되고 있습니다.

프리미어 프로 2021의 새로운 기능

Adobe 사의 공식 행사 'Adobe MAX 2020'에서 공개된 프리미어 2021의 새로운 기능 두 가지를 소개합니다. 새로운 기능은 프리미어 프로 베타버전에서 확인할 수 있으며 2021년 초 출시되는 버전에 적용될 예정입니다.

Scene Edit Detection(장면 편집 탐지)

타임라인에서 영상 클립을 선택하고 마우스 오른쪽 버튼을 클릭하여 [Scene Edit Detection(장면 편집 탐지)]을 선택하면 자동으로 장면이 바뀌는 지점을 인식해서 컷 편집되는 기능입니다. 작업 파일을 잃어버려서 최종 영상을 다시 재편집해야 하는 경우 또는 이미 완성된 영상을 활용하고 싶을 때 유용하게 사용할 수 있습니다.

Subtitle Track(자막 트랙)

[Windows(창)] – [Text]를 활성화하면 자막(캡션) 트랙을 새로 만들거나 자막 파일을 불러와 자막을 관리할 수 있습니다.

비디오 트랙 위에 자막 트랙이 생성되어 자막의 양이 많을 때 빠르고 쉽게 자막 구성을 확인할 수 있습니다. 자막의 스타일 또한 한 번에 수정할 수 있기 때문에 작업 시간을 단축하는 데 큰 도움이 됩니다. 추후 Speech to Text 기술을 통해 음성을 자동으로 인식하여 자막을 생성해주는 기능이 추가될 예정입니다.

실습 안내

실습 프로젝트 파일 준비

프로젝트 파일은 Adobe Premiere Pro 2020 버전으로 제작되었습니다. 프로젝트 파일은 정보문화사 홈페이지(infopub.co.kr) 자료실에서 다운로드 받을 수 있습니다.

프로젝트에 사용된 폰트

실습 전 프로젝트에 사용할 폰트를 미리 설치하는 것이 좋습니다. 폰트를 설치하는 과정이 번거로울 수 있지만 실습 때 되도록 다양한 폰트를 사용하면서 영상의 퀄리티를 높일 수 있도록 준비하였습니다. 물론 원하는 폰트로 자막을 제작하여 실습을 진행하여도 좋습니다.

페이지	프로젝트 파일명	폰트	폰트 다운로드 받는 곳
p. 106	문자도구.prproj	Nunito Black	구글 폰트 https://fonts.google.com/specimen/Nunito
p. 109	하단자막.prproj	나눔명조	네이버 나눔글꼴 https://hangeul.naver.com/2017/nanum
p. 112	레거시제목.prproj	Sacramento	구글 폰트 https://fonts.google.com/specimen/Sacramento
p. 118	레거시제목 스타일.prproj	Modak	구글 폰트 https://fonts.google.com/specimen/Modak
p. 121	나만의 자막 스타일.prproj	나눔스퀘어	네이버 나눔글꼴 https://hangeul.naver.com/2017/nanum
p. 191	키프레임 효과.prproj	Alfa Slab One	구글 폰트 https://fonts.google.com/specimen/Alfa+Slab+One
p. 204	시네마틱 인트로.prproj	Code Bold	다폰트 https://www.dafont.com/code.font
p. 212	타이핑 자막.prproj	Code Bold	다폰트 https://www.dafont.com/code.font
p. 216	REC 효과.prproj	Noto Sans CJK KR	구글 폰트 https://fonts.google.com/specimen/ Noto+Sans+KR?query=noto+sans
p. 223	영상 품은 텍스트.prproj	Code Bold	다폰트 https://www.dafont.com/code.font
p. 235	브이로그.prproj	Snickles Noto Sans CJK KR	다폰트 https://www.dafont.com/snickles.font 구글 폰트 https://fonts.google.com/specimen/ Noto+Sans+KR?query=noto+sans

'야근 방지' 빠른 편집을 위한 단축키

분류	기능	Mac OS	Windows
파일	저장	Cmd + S	Ctrl + S
	다른 이름으로 저장	Cmd + Shift + S	Ctrl + Shift + S
	새 프로젝트	Cmd + Opt + N	Ctrl + Alt + N
	새 시퀀스	Cmd + N	Ctrl + N
	파일 가져오기	Cmd + I	Ctrl + I
	미디어 브라우저에서 파일 가져오기	Cmd + Opt + I	Ctrl + Alt + I
재생	재생	L	L
	뒤로 재생	J	J
	정지	K	K
	미리보기 재생 및 일시정지	Space Bar	Space Bar
	영상 시작 지점으로 이동	Shift + I	Shift + I
	영상 종료 지점으로 이동	Shift + O	Shift + O
편집	복사	Cmd + C	Ctrl + C
	붙여넣기	Cmd + V	Ctrl + V
	실행 취소	Cmd + Z	Ctrl + Z
	다시 실행	Cmd + Shift + Z	Ctrl + Shift + Z
시퀀스	자르기	Cmd + K	Ctrl + K
	재생헤드 기준 영상 클립 왼쪽 자르고 삭제하기	Q	Q
	재생헤드 기준 영상 클립 오른쪽 자르고 삭제하기	W	W
	잔물결 삭제	Shift + Delete	Shift + Delete
	삽입	,	,
	덮어쓰기	.	.
	오디오 클립 볼륨 조절	[/]	[/]
	1프레임 이동	← / →	← / →
	5프레임 이동	Shift + ← / Shift + →	Shift + ← / Shift + →
	미리보기 렌더링	Enter	Enter
타임라인 조정	타임라인 확대/축소	+	-
	오디오 트랙 확대/축소	Opt + = / -	Alt + ' / -
	비디오 트랙 확대/축소	Cmd + = / -	Ctrl + = / -
도구	선택	V	V
	자르기	C	C
	문자	T	T
	앞으로 트랙 선택	A	A
	뒤로 트랙 선택	Shift + A	Shift + A

단축키 설정

Mac OS : Cmd + Opt + K

Windows : Ctrl + Alt + K

키보드 단축키(Keyboard Shortcuts)에서 직접 키보드 단축키를 수정하고 저장하여 사용할 수 있습니다.

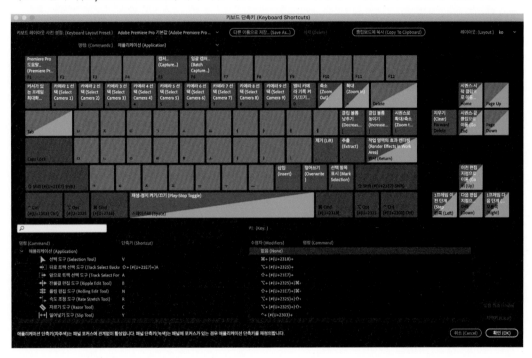

차례

Adobe Premiere Pro

PART
01

처음 만나는 프리미어 프로

Chapter

01

프리미어 프로
설치하기

영상 편집을 위해 Adobe사의 프리미어 프로를 설치해야 합니다. Adobe의 모든 프로그램은 자체 클라우드인 Adobe Creative Cloud를 통해 설치할 수 있습니다.

01 무료 체험판 혹은 제품 구매하기

프로그램을 구매한 후 Adobe Creative Cloud를 설치해야 합니다. Adobe Creative Cloud는 프로그램을 업데이트 하고 관리할 수 있는 Adobe사의 자체 관리 시스템입니다.

<u>01</u> Adobe 사이트에 접속합니다. www.adobe.com/kr 상단의 [크리에이티비티 및 디자인] – [Premiere Pro]를 클릭합니다.

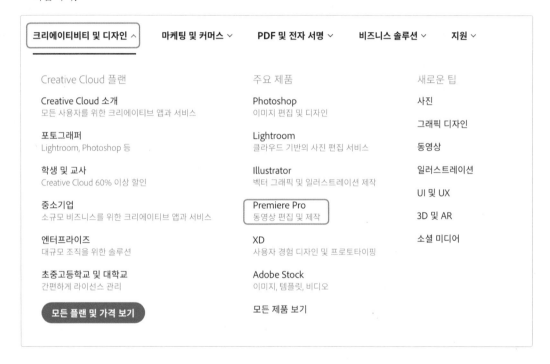

<u>02</u> 상단의 [무료 체험판] 혹은 [구매하기]를 클릭합니다.

03 추후 Adobe 프로그램에서 사용할 이메일과 아이디를 입력합니다. 오른쪽에는 체험 혹은 구매할 제품의 정보가 나와 있습니다. Adobe 프로그램은 단일 앱 다운로드 외에 다양한 구독 모델을 갖고 있으니 필요에 맞게 구매하여 사용하면 됩니다. 프리미어 프로만 필요할 시 [계속]을 클릭합니다.

04 프로그램 다운로드에 앞서 로그인이 필요합니다. 회원가입이 되어 있지 않았을 경우 회원가입 후 로그인을 진행합니다.

05 결제를 진행합니다.

06 주문이 완료되었습니다. 사이트에서 설명하는 순서에 맞춰 프리미어 프로 설치에 필요한 Adobe Creative Cloud 프로그램을 설치합니다.

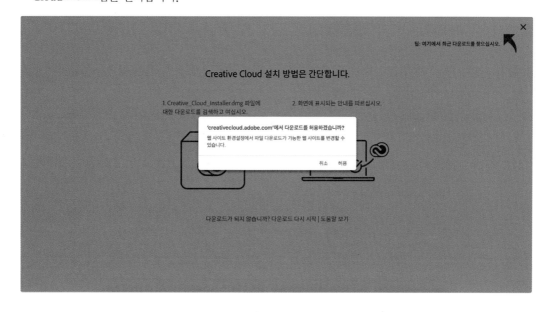

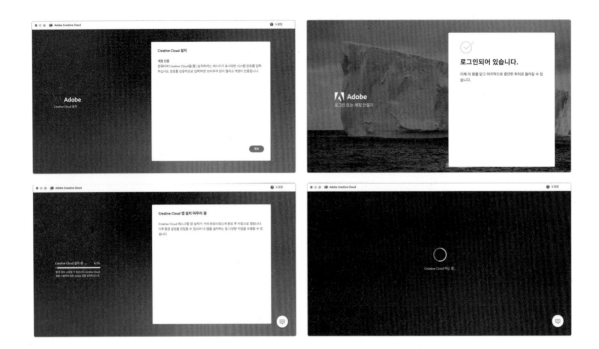

07 설치가 완료되었습니다.

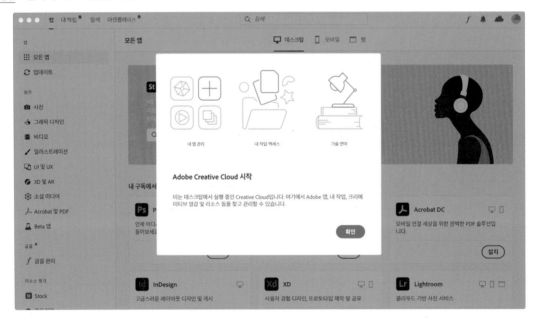

02 프로그램 설치하기

Adobe Creative Cloud를 실행하고 프리미어 프로를 설치합니다.

01 설치한 Adobe Creative Cloud 프로그램을 실행합니다. [모든 앱] – [내 구독에서 사용 가능]에서 Premiere Pro의 [설치]를 클릭합니다.

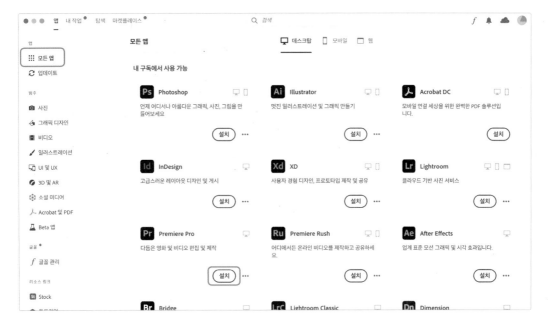

02 설치가 완료될 때까지 기다립니다.

03 설치가 완료되면 바탕화면에 프리미어 프로의 바로가기가 생성됩니다. 이를 클릭하여 정상적으로 설치되었는지 확인합니다.

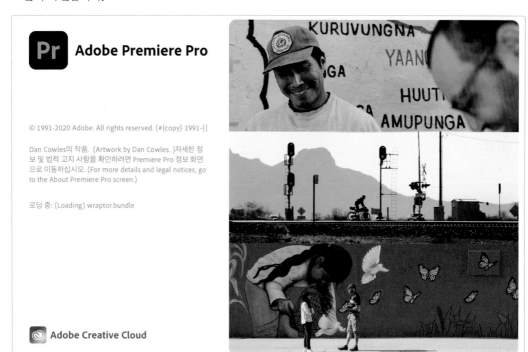

프리미어 프로
인터페이스 살펴보기

하나의 그래픽 툴을 다뤄본 경험이 있다면 다른 그래픽 툴을 새롭게 학습할 때 쉽게 이해할 수 있습니다. 인터페이스 요소나 작동하는 원리가 비슷하기 때문입니다. 편집하기 전, 작업 영역, 패널, 비디오 트랙과 오디오 트랙 등 프리미어 프로 인터페이스를 살펴보면 시작이 훨씬 쉬워집니다. 인터페이스 요소는 직접 편집을 해보며 자연스럽게 익히는 것이 더 좋기 때문에 처음 만나는 프리미어 프로에 대한 부담감을 내려놓고 가볍게 내용을 살펴보기 바랍니다.

01 패널 이해하기

패널은 프리미어 프로의 기본적인 인터페이스 요소입니다. 주요 패널을 살펴보고 각 패널에서 어떤 기능을 사용할 수 있는지 확인해 보겠습니다.

01 주요 패널은 ❶ 프로젝트 패널, ❷ 소스 모니터 패널, ❸ 도구 패널, ❹ 타임라인 패널, ❺ 프로그램 모니터 패널, ❻ 오디오 패널입니다.

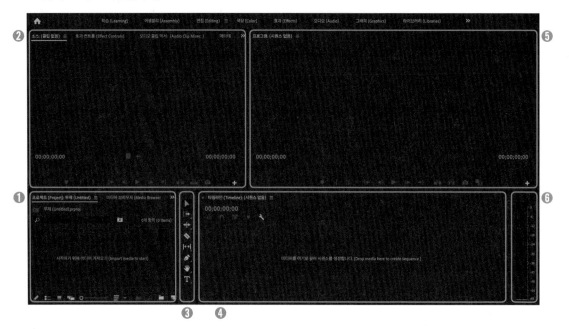

❶ [프로젝트 패널]은 비디오, 오디오, 그래픽, 제목 클립 등 영상에 삽입할 파일을 모두 저장하는 곳입니다. 목록 보기(List View), 아이콘 보기(Icon View), 자유형 보기(Freeform View) 세 가지 방식으로 볼 수 있습니다. 또한, 보기 방식 우측의 슬라이더를 이용해 아이콘 및 섬네일의 크기를 조정하는 것도 가능합니다.

 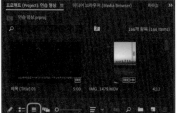 

❷ [소스 모니터 패널]은 편집하기 전 **소스 모니터 패널**에서 원본 클립을 미리 재생하고 확인합니다. 원본 클립의 시작점과 종료점을 선택해 클립의 일부분만 **타임라인 패널**에 삽입할 수 있습니다.

❸ [도구 패널]은 **타임라인 패널**에서 영상을 편집할 때 필요한 도구들이 준비되어 있습니다. 도구에 추가 옵션이 있는 경우 도구를 길게 눌러 선택하여 옵션을 확인합니다.

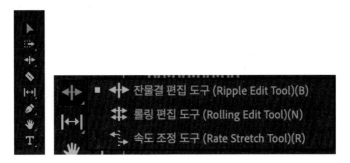

No.	이미지	도구명	설명	단축키
1		선택 도구 (Selection Tool)	가장 많이 쓰는 도구로, 클립을 선택해 효과를 적용할 때 사용합니다.	V
2		앞으로 트랙 선택 도구 (Track Select Forward Tool)	같은 트랙에 있는 클립들 중 선택한 클립의 오른쪽(앞) 클립이 모두 선택됩니다.	A
		뒤로 트랙 선택 도구 (Track Select Backward Tool)	같은 트랙에 있는 클립들 중 선택한 클립의 왼쪽(뒤) 클립이 모두 선택됩니다.	Shift + A
3		잔물결 편집 도구 (Ripple Edit Tool)	앞뒤에 붙어 있는 클립에 영향을 주지않고 선택한 클립의 길이를 조정합니다.	B
		롤링 편집 도구 (Rolling Edit Tool)	선택한 클립의 길이를 조정할 수 있지만 앞뒤 클립이 잘리거나 늘어납니다.	N
		속도 조정 도구 (Rate Stretch Tool)	클립의 길이를 줄여 영상의 속도를 빠르게 또는 클립의 길이를 늘려 영상의 속도를 느리게 조정합니다.	R
4		자르기 도구 (Razor Tool)	클립의 특정 지점을 클릭하여 정확하게 클립을 분할할 때 사용합니다.	C
5		밀어넣기 도구 (Slip Tool)	**소스 모니터 패널**에서 설정한 시작점과 끝점의 위치를 변경합니다.	Y
		밀기 도구 (Slide Tool)	밀어넣기 도구와 반대로 앞뒤 클립 길이에 영향을 미칩니다.	U
6		펜 도구 (Pen Tool)	비디오 트랙과 오디오 트랙에서 키프레임을 생성하고 조정할 때 사용합니다.	P
		사각형 도구 (Rectangle Tool)	**프로젝트 패널**에서 사각형 그래픽을 만들 수 있습니다.	
		원형 도구 (Ellipse Tool)	**프로젝트 패널**에서 원형 그래픽을 만들 수 있습니다.	
7		손 도구 (Hand Tool)	드래그하여 타임라인의 왼쪽 또는 오른쪽으로 이동합니다.	H
		확대/축소 도구 (Zoom Tool)	타임라인의 영역을 확대하거나 축소합니다.	Z
8		문자 도구 (Type Tool)	타임라인에서 새로운 문자 클립을 추가하는 동시에 텍스트를 삽입합니다.	T
		세로 문자 도구 (Vertical Type Tool)	세로 텍스트를 삽입합니다.	

④ [타임라인 패널]은 **프로젝트 패널** 또는 소스 **모니터 패널**에서 클립을 드래그 앤 드롭으로 옮긴 후 편집하는 공간입니다. **타임라인 패널**에서 시간은 왼쪽에서 오른쪽으로 흐르고, 레이어 방식의 비디오 트랙과 믹스 방식의 오디오 트랙으로 나누어져 있습니다. 비디오 트랙에는 영상, 이미지, 텍스트 등 시각적으로 확인이 가능한 클립이 배치되며 오디오 트랙에는 배경음악, 효과음 등 오디오와 관련된 클립이 배치됩니다.

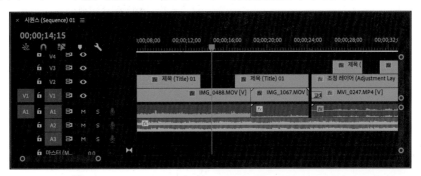

⑤ [프로그램 모니터 패널]은 **타임라인 패널**에서 수행한 작업의 결과를 볼 수 있습니다. **타임라인 패널**에서 모니터링하고자 하는 지점으로 재생 헤드를 이동시키면 **프로그램 모니터 패널**의 재생 헤드도 동기화됩니다.

⑥ [오디오 패널]에서는 재생중인 오디오 정보를 확인할 수 있습니다. 영상의 전체적인 음량을 파악할 때 활용합니다.

02 작업 영역 구성하기

프로젝트를 생성한 후 작업 영역 내에서 패널의 종류와 크기, 위치를 조절합니다. 기본으로 제공되는 작업 영역 모드를 활용하거나 직접 작업 영역을 설정하고 저장할 수 있습니다.

01 프리미어 프로를 처음 실행하고 새 프로젝트를 생성하면 작업 영역 모드가 [학습(Learning)]으로 실행되어 학습에 적합한 패널 레이아웃이 나타납니다.

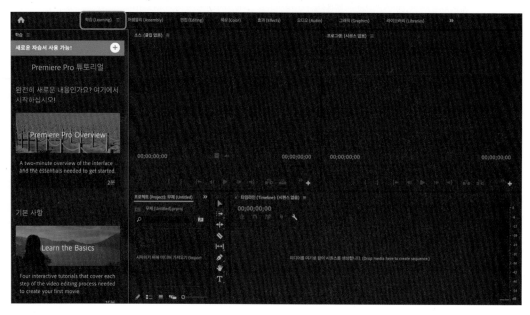

02 작업 영역 모드를 이용하면 목적에 따라 최적화된 패널 레이아웃을 손쉽게 구성할 수 있습니다. 기본으로 제공되는 작업 영역 모드는 [학습(Learning)], [어셈블리(Assembly)], [편집(Editing)], [색상(Color)], [효과 (Effects)], [오디오(Audio)], [그래픽(Graphics)], [라이브러리(Libraries)]입니다.

03 자주 사용되는 작업 영역 모드는 ❶ [편집], ❷ [색상], ❸ [효과]입니다.

❶ [편집]은 **타임라인 패널**과 **프로그램 모니터 패널**을 넓게 활용할 수 있습니다.

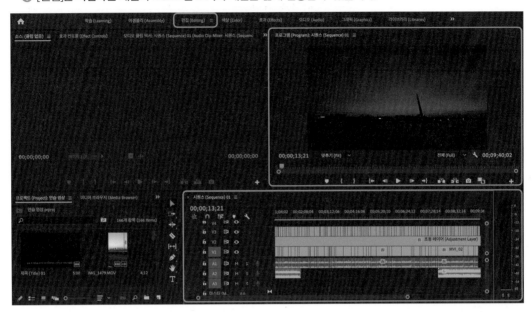

❷ [색상]은 오른쪽에 **색상 패널**이 활성화되는 모드입니다. **타임라인 패널**에서 클립을 선택해야 **색상 패널**이 활성화됩니다.

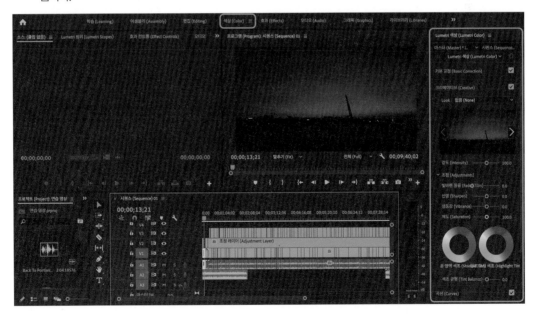

❸ [효과]는 오른쪽에 **효과 패널**이 활성화되면 필요한 효과를 찾아 바로 **타임라인 패널** 속 클립에 적용할 수 있습니다.

인터페이스 밝게 조정하기

[Premiere Pro] – [환경 설정(Preferences)] – [모양(Appearance)]을 선택합니다. [명도(Brightness)] 슬라이더를 왼쪽 또는 오른쪽으로 드래그하여 패널의 밝기를 조절합니다.

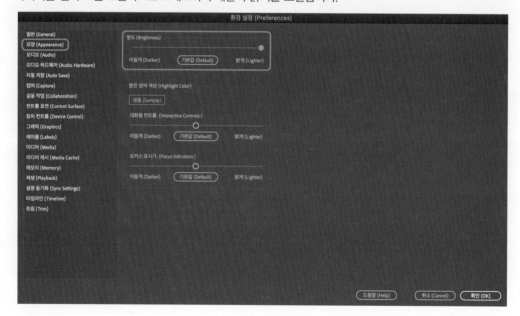

나만의 작업 영역 설정하기

제공되는 기본 작업 영역 모드를 활용할 수도 있지만 직접 패널의 종류, 사이즈와 위치를 조절하여 나만의 작업 영역을 설정하고 저장할 수 있습니다.

01 자주 쓰는 기본 작업 영역 모드 중 하나를 선택합니다. 작업 영역에서 제외하고 싶은 패널이 있다면 패널명 옆의 메뉴 ☰ 아이콘을 누르고 [패널 닫기(Close Panel)]를 선택합니다.

02 추가로 필요한 패널은 [창(Windows)] – [작업 영역(Workspaces)] 메뉴에서 선택해 작업 영역에 삽입합니다. 이때 패널의 특성에 맞춰 자동으로 그룹이 지정되지만, 원하는 경우 패널명을 선택한 후 다른 그룹으로 이동시킬 수 있습니다.

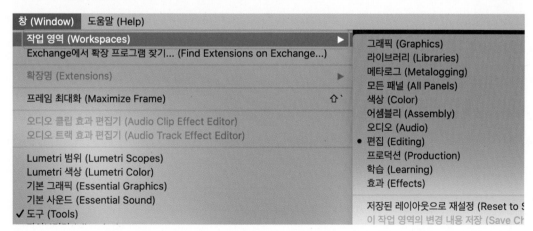

03 그룹 내의 패널 순서를 변경하려면 원하는 패널명을 선택한 후 드래그하여 순서를 이동시킵니다.

04 필요한 패널로 각 그룹을 구성했다면 그룹 산에 마우스를 놓고 이중 화살표 아이콘이 뜨면 그룹의 가장자리를 상하좌우로 밀어서 사이즈를 조절합니다.

05 사이즈 조정까지 마친 후 [창] – [작업 영역] – [새 작업 영역으로 저장(Save as New Workspace)]을 선택합니다. 새 작업 영역의 [이름]을 설정한 후 [확인(OK)]을 누르면 상단 작업 영역 모드에 새롭게 저장한 작업 영역이 추가된 것을 볼 수 있습니다.

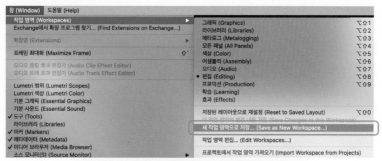

작업 영역 기본 설정으로 되돌리기

패널 구성과 사이즈를 조절하며 변경된 사항을 폐기하고 처음 작업 영역 모드를 선택했을 때의 설정으로 돌아가려면 메뉴를 누르고 [저장된 레이아웃으로 재설정(Reset to Saved Layout)]을 선택합니다.

Chapter

03

프로젝트 생성하기

기본적으로 컴퓨터 소프트웨어는 파일 확장자를 가지고 있습니다. 한글은 'hwp', 파워포인트는 'pptx', 포토샵은 'psd', 일러스트는 'ai'라고 부릅니다. 프리미어 프로에서는 이런 파일 하나를 '프로젝트'라고 부르며, 확장자명은 'prproj'입니다. 영상 편집의 시작은 바로 이 프로젝트 파일을 생성하는 단계입니다.

01 파일 관리하기

영상을 편집할 때 영상, 사운드, 사진 등 다양한 파일이 들어가는 만큼 파일 관리가 무척 중요합니다. 본격적인 영상 편집에 들어가기 전에, 꼭 알아야 할 효율적인 프로젝트 관리 방법을 알아보겠습니다.

프리미어 프로에서 영상 편집을 할 때는 먼저 프로젝트 파일을 만들고, 영상 편집에 필요한 파일을 불러온 후 편집에 들어갑니다. 따라서 영상 하나를 새롭게 만들 때마다 폴더 하나를 생성해주는 것이 좋습니다. 만약 폴더를 만들어 두지 않고 여러 개의 파일을 넣다 보면 파일 각각의 위치를 알 수 없어 관리하기 어려워집니다. 또는 자신도 모르게 원본 영상 파일을 삭제하는 일이 발생합니다. 책에서 제공하는 영상 소스 또한 폴더별로 정리되어 있으니, 이처럼 꼭 파일을 정확하게 관리하기를 추천합니다.

01 배경에 '프리미어 프로' 이름으로 새 폴더를 만들고 영상 편집에 필요한 모든 파일을 모아둡니다.

02 파일의 위치가 처음과 달라지면 프리미어 프로젝트 내에서의 연결이 끊어집니다. **프로그램 모니터 패널**에 '미디어 오프라인'이 뜨며, 더이상 편집을 이어갈 수 없게 됩니다.

03 이럴 경우 자동으로 뜨는 [미디어 연결(Link Media)] 창을 통해 파일을 다시 불러올 수 있습니다. [찾기 (Locate)]를 통해 옮긴 파일의 위치를 지정하면 됩니다. 하지만 처음부터 이러한 상황을 방지하기 위하여, 영상 편집을 위한 폴더를 하나 생성하는 것을 추천합니다.

02 프로젝트 설정하기

프리미어 프로의 프로젝트 설정을 살펴보겠습니다. 프로젝트 파일을 새롭게 만들어 프로젝트의 이름, 위치, 비디오 및 오디오 형식 등 환경 설정을 하는 단계입니다.

01 프리미어 프로를 열고 [새 프로젝트(New Project)]를 클릭합니다. [프로젝트 열기(Open Project)]를 클릭하면 기존에 만들어둔 프로젝트 파일을 불러올 수 있습니다.

02 프로젝트 설정을 변경할 수 있는 [새 프로젝트 (New Project)] 창이 열립니다. 상단에는 ❶ 이름 (Name)과 ❷ 위치(Location)가 있으며, 아래로 일반(General), 스크래치 디스크(Scratch Disk), 인제스트 설정(Ingest Settings) 세 가지 탭이 있습니다.

❶ [이름]은 프로젝트 파일의 이름으로 원하는 이름을 설정하면 됩니다. [무제 (Untitled)]라고 되어 있는 이름을 [실습]으로 변경합니다.

❷ [위치]는 프로젝트 파일이 저장될 위치입니다. 앞서 파일 관리하기(p.21)에서 만든 '프리미어 프로' 폴더를 찾아 그 안에 저장합니다. 다시 한번 강조하자면, 프로젝트 파일과 영상 편집에 사용할 영상 소스는 한 파일에 모아 두어야 합니다.

03 세 개의 탭 중 [일반(General)] 탭이 가장 중요합니다. 다른 두 탭의 설정을 변경하는 일은 거의 없습니다. [비디오(Video)]에서는 표시 형식을 설정할 수 있습니다. [비디오]의 기본값은 [시간 코드 (Timecode)]로 되어 있습니다. [시간 코드]는 가장 일반적으로 사용하는 방식이며 시, 분, 초, 프레임으로 시간을 표시합니다. [피트+프레임(Feet + Frames)]은 필름 촬영에 사용하는 단위이며, 현재 잘 쓰이지 않습니다. [프레임(Frames)]을 선택하면 프레임 수로 시간을 표시합니다.

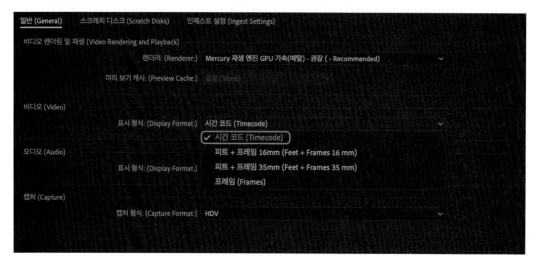

POINT

프레임 이해하기

영상은 여러 장의 사진으로 이루어진 결과물입니다. 이때 '프레임'은 1초에 들어가는 사진의 수를 말합니다. 24프레임은 1초에 24개의 사진으로 이루어졌다는 의미이며, 16프레임은 1초에 16개의 그림으로 이루어졌다는 의미입니다. 일반적으로 TV 영상은 29.97프레임으로 구성되어 있으며, 영화는 24프레임으로 구성되어 있습니다.

프레임은 영상을 찍을 때 기본값이 설정되어 있습니다. 따라서 편집할 때는 촬영한 영상을 그대로 사용하면 됩니다. 하지만 본인이 연출하는 방향에 따라 프리미어 프로 내에서 임의로 프레임 수를 조절할 수도 있습니다. 임의로 프레임을 조절하는 방법은 시퀀스 수동 설정하기(p.45)를 참고합니다.

04 [오디오(Audio)]의 기본값은 [오디오 샘플(Audio Samples)]입니다. 일반적으로 오디오의 정밀도를 위해 '오디오 샘플' 단위를 사용합니다. [밀리초(Milliseconds)]는 경과 시간을 표시합니다(1000밀리초 = 1초).

05 [캡처(Capture)]의 [캡처 형식(Capture Format)]은 편집하는 데 어떤 영향도 미치지 않기 때문에 기본 설정을 따르면 됩니다. HDV는 중간 화질 영상의 픽셀을 확대하여 고화질로 표현하는 방식입니다.

06 [스크래치 디스크(Scratch Disks)] 탭에서는 프로젝트에서 렌더링한 미리보기와 자동 저장되는 파일의 위치를 설정할 수 있습니다.

07 [인제스트 설정(Ingest Settings)] 탭에서는 프로젝트의 위변조 방지를 위한 암호화 작업 여부를 결정합니다. 일반적으로는 사용하지 않습니다.

08 프로젝트 설정을 마친 후 [확인]을 누르면 새로운 프로젝트가 생성됩니다. 왼쪽의 **학습 패널**은 프리미어 프로를 배울 수 있는 어도비 프로그램의 학습 기능입니다. **학습 패널**의 메뉴에서 [패널 닫기(Close Panel)]를 눌러 패널을 닫습니다.

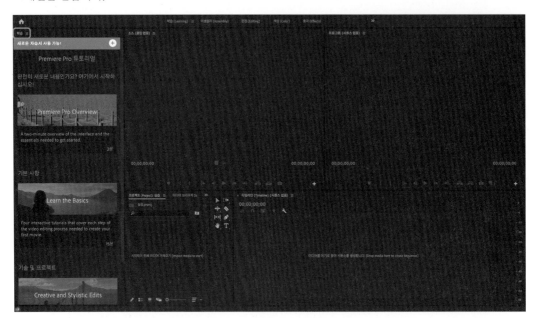

SECTION

03 저장하기

프로젝트 파일을 생성했다면 편집 과정에서 수시로 저장하는 것은 물론, 파일을 올바른 위치에 저장하여 관리해야 합니다.

01 상단의 [파일(File)] − [저장(Save)]을 클릭합니다. 수정 상태까지 반영하여 프로젝트 파일을 저장할 수 있습니다. 만약 이전과 다른 버전으로 프로젝트 파일을 관리하고 싶다면 [파일] − [다른 이름으로 저장(Save As)]을 클릭합니다. [다른 이름으로 저장]하면 새로운 프로젝트 파일로 저장됩니다.

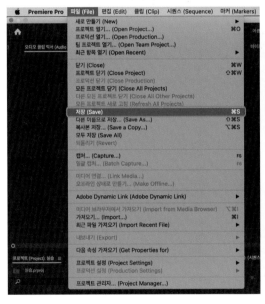 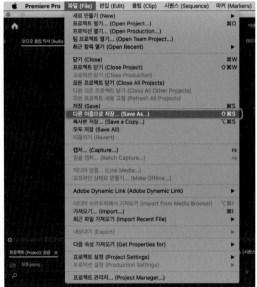

02 프리미어프로는 프로그램이 복잡하고 용량이 크기 때문에 컴퓨터가 버티지 못해 오류에 걸리거나 갑자기 프로그램이 꺼지는 경우가 생길 수 있습니다. 프리미어 프로에서는 이러한 피해를 최소화하기 위해 수시 자동 저장 기능을 제공합니다. 프리미어 프로젝트 파일을 저장한 폴더로 들어가면 [Adobe Premiere Pro Auto-Save]라는 폴더가 있습니다. 이 폴더에서 자동 저장된 파일을 확인합니다.

> ▶ 📁 Adobe Premiere Pro Captured Video
> ▶ 📁 Adobe Premiere Pro Auto-Save
> ▶ 📁 Adobe Premiere Pro Audio Previews

수시 자동 저장 옵션 변경하기

수시 자동 저장 기능의 옵션을 변경할 수 있습니다. 상단의 [Premiere Pro] – [환경 설정(Preferences)] – [자동 저장(Auto Save)]을 클릭합니다. [자동 저장 간격(Automatically Save Every)]은 15분이 기본이며, 원하는 대로 변경 가능합니다. [최대 프로젝트 버전(Maximum Project Versions)]은 자동 저장 파일의 개수를 의미합니다. 프로젝트 파일의 용량이 꽤 크기 때문에 용량이 부담될 때 이 부분을 조절하면 됩니다.

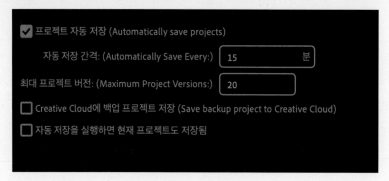

04 내보내기

편집의 마무리는 영상을 출력하는 것입니다. 출력하는 과정이 복잡해 보이지만 형식만 기억하면 언제든지 영상을 쉽게 출력할 수 있습니다.

01 영상 편집을 마치면 **타임라인 패널**의 시퀀스를 선택한 상태에서 [파일(File)] – [내보내기(Export)] – [미디어(Media)]를 선택합니다.

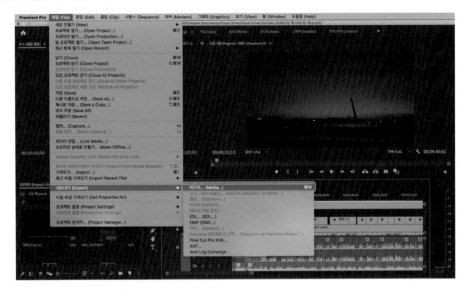

02 [내보내기 설정(Export Settings)] 창을 확인합니다. 모든 옵션이 보이도록 창의 크기를 늘립니다.

03 [형식(Format)]에서 [H.264]를 선택합니다. [H.264]는 호환성이 높고 적은 용량에 비해 높은 품질을 보장하기 때문에 가장 많이 쓰입니다.

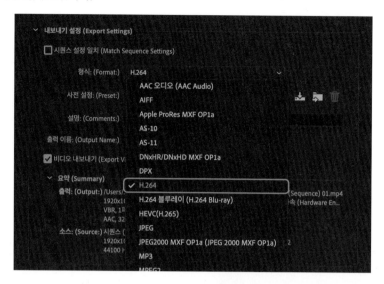

04 [사전 설정(Preset)] 목록에는 트위터, 페이스북, 유튜브 등 플랫폼에 업로드하기 적합한 설정이 있습니다. 특정 플랫폼에 업로드하는 것이 아니라면 일반적으로 [소스 일치 – 높은 비트 전송률(Match Source – High bitrate)]를 선택합니다.

05 파란색으로 표기된 [출력 이름(Output Name)]을 눌러 저장 위치와 파일 이름을 설정합니다.

06 [비디오 내보내기(Export Video)]와 [오디오 내보내기(Export Audio)]의 체크박스가 모두 체크되어 있는지 확인합니다.

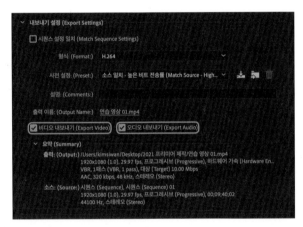

07 [내보내기(Export)] 버튼을 누르면 현재 설정에 맞춰 바로 영상을 출력할 수 있습니다.

08 저장 위치에서 완성된 영상을 확인합니다.

빠른 내보내기

오른쪽 상단에서 [빠른 내보내기(Quick Export)] 버튼을 선택합니다.

파일 이름 및 위치, 사전 설정을 선택하고 [내보내기] 버튼을 누릅니다. 빠른 내보내기 기능을 이용하면 간단한 설정만으로 빠르게 파일을 추출할 수 있습니다. 같은 설정으로 여러 개의 파일을 반복하여 추출해야 할 때 사용하는 것을 추천합니다.

Special

TIP

미디어 인코더 활용하기

Adobe 미디어 인코더(Media Encoder)는 영상을 추출하는 프로그램입니다. 프리미어 프로
와 애프터이펙트를 사용할 때 종종 사용하는 기능입니다. 여러 개의 영상을 변환하거나 추출하
고 싶을 때 유용합니다. 미디어 인코더를 활용하여 여러 개의 영상을 한 번에 내보내는 방법을
알아보겠습니다.

01 프리미어 프로 프로그램을 다운받으면 미디어 인코더 프로그램도 함께 다운받아집니다. 미디어 인코더를 실
행합니다. 설치된 미디어 인코더가 없다면 Adobe Creative Cloud 프로그램에서 다운받을 수 있습니다.

02 **미디어 브라우저 패널**에서 내보내기 할 프리미어 프로젝트를 가져옵니다. 프리미어 프로젝트 이름을 마우스
오른쪽 버튼으로 클릭한 후 [대기열로 가져오기]를 선택합니다.

03 프리미어 프로젝트의 시퀀스가 대기열에 추가됩니다.

04 또는 미디어 브라우저에 있는 시퀀스를 대기열로 드래그 앤 드롭합니다.

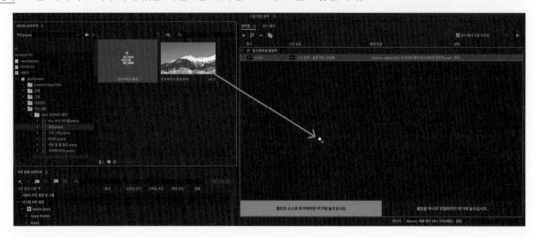

05 마찬가지로 대기열에 프리미어 프로젝트의 시퀀스가 추가됩니다.

06 대기열에 추가된 시퀀스를 삭제하고 싶다면 시퀀스 이름을 마우스 오른쪽 버튼으로 클릭한 후 [제거]를 선택합니다.

07 내보내기 할 프리미어 프로젝트의 시퀀스를 모두 가져옵니다.

08 형식, 사전 설정을 클릭하면 [내보내기] 창이 나타나고 설정을 변경할 수 있습니다. 설정을 변경하고 [확인]을 누릅니다. 일반적으로는 기본 설정인 [H.264], [소스 일치 – 높은 비트 전송률]을 사용하므로, 클릭하지 않아도 됩니다.

09 출력 위치를 클릭하면 저장 경로를 설정할 수 있습니다. 내보내는 영상을 위한 별도의 폴더를 생성하는 것을 추천합니다. 경로를 설정한 후 [저장]을 누릅니다.

10 모든 설정이 완료된 후 오른쪽 상단의 재생 버튼(대기열 시작(반사))을 클릭합니다.

11 대기열에 있는 영상의 순서대로 렌더링이 진행되며, 렌더링이 완료된 영상은 [완료] 상태로 표시됩니다.

12 모든 영상의 내보내기가 완료되었습니다.

13 영상을 저장한 폴더에서 추출된 영상을 확인합니다.

Adobe Premiere Pro

PART

02

짧게 배워 길게 써먹는
프리미어 프로 핵심 기능

Chapter

01

시퀀스 만들기

프리미어 프로의 프로젝트 파일에는 다양한 편집 정보가 포함됩니다. 그중 영상 클립을 담는 그릇을 시퀀스라고 부릅니다. 여러 개의 영상 클립이 모여 하나의 시퀀스를 이루며, 시퀀스가 모여 하나의 완성된 영상이 만들어집니다. 일반적으로 편집할 때는 하나의 시퀀스로 충분히 영상을 완성할 수 있습니다. 영상 편집의 기본인 파일 불러오기와 시퀀스 만들기를 알아보겠습니다.

01 파일 불러오기

프로젝트 패널에서 영상 편집에 필요한 파일을 불러오고 관리합니다.

01 [새 프로젝트(New Project)]를 생성합니다. 파일 관리하기(p.21)에서 만든 실습 파일을 활용해도 좋습니다. '시작하기 위해 미디어 가져오기(Import media to start)'가 적힌 **프로젝트 패널**을 더블클릭합니다.

02 제공하는 예제 파일의 [Part 02] − [Chapter 01] − [Section 01] 폴더를 선택합니다. [샌프란 다운타운]~[샌프란 피어] 클립을 모두 선택한 후 [가져오기(Import)]를 클릭합니다.

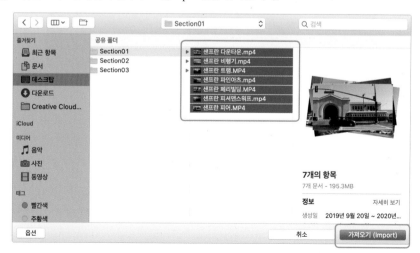

03 영상이 **프로젝트 패널**로 들어옵니다.

04 왼쪽 하단의 [목록 보기(List View)]를 선택하면 파일을 목록 형태로 볼 수 있습니다. 다시 [아이콘 보기(Icon View)]를 클릭하면 파일을 섬네일 형태로 확인할 수 있습니다. 보통 [목록 보기]와 [아이콘 보기] 방식을 많이 사용합니다.

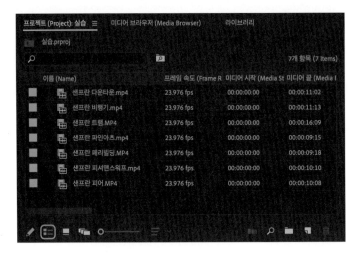

POINT

드래그 앤 드롭으로 파일 불러오기

프리미어 프로 프로그램을 실행하고 Finder 창/윈도우 창을 함께 실행합니다. Finder 창/윈도우 창에서 가져올 파일을 선택하고 프리미어 프로의 **프로젝트 패널**로 그대로 드래그 앤 드롭합니다. 파일이 성공적으로 들어옵니다.

SECTION

02 시퀀스 자동 생성하기

시퀀스는 영상의 프레임 정보, 비디오 설정, 오디오 설정 등의 정보를 포함하고 있습니다. 시퀀스를 자동으로 생성하는 간편한 기능을 알아보겠습니다.

• 예제 파일 : 시퀀스 자동 생성.prproj • 완성 파일 : 시퀀스 자동 생성_완성.prproj

01 시퀀스 자동 생성.prproj 파일을 실행합니다. [샌프란 파인아츠] 클립을 '미디어를 여기로 끌어 시퀀스를 생성합니다(Drop media here to create sequence)'가 적힌 빈 **타임라인 패널**로 드래그 앤 드롭합니다.

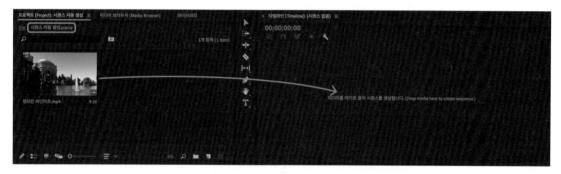

02 **타임라인 패널**에 자동으로 시퀀스가 생성됩니다.

03 한편 **프로젝트 패널**에도 영상 클립과 같은 이름의 시퀀스가 생성됩니다. 이때 [샌프란 파인아츠] 클립과 [샌프란 파인아츠] 시퀀스를 혼동하지 않도록 유의해야 합니다.

04 혼동을 방지하기 위해 [샌프란 파인아츠] 시퀀스 명을 더블클릭하여 [시퀀스]로 변경합니다. **타임라인 패널**의 시퀀스 명도 함께 바뀝니다.

03 시퀀스 수동 설정하기

불러온 영상 클립의 정보를 토대로 시퀀스를 자동 생성하는 방법도 있지만, 직접 시퀀스를 만드는 방법도 있습니다. 직접 시퀀스를 설정할 경우 영상 사이즈를 비롯해 세부 옵션을 조정할 수 있습니다.

• 예제 파일 : 시퀀스 수동 설정.prproj　• 완성 파일 : 시퀀스 수동 설정_완성.prproj

01 시퀀스 수동 설정.prproj 파일을 실행합니다. [파일(File)] − [새로 만들기(New)] − [시퀀스(Sequence)] 혹은 **프로젝트 패널** 하단의 [새 항목(New Item)] − [시퀀스]를 클릭합니다.

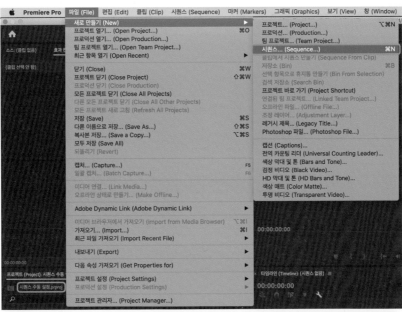

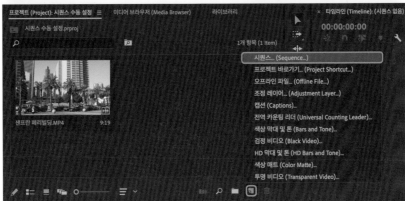

02 [새 시퀀스(New Sequence)] 창이 열립니다. ❶ 시퀀스 사전 설정(Sequence Presets), ❷ 설정(Settings), ❸ 트랙(Tracks), ❹ VR 비디오(VR Video) 네 가지의 탭이 있습니다. 이 책에서는 VR을 다루지 않으므로 앞의 세 가지 탭만 살펴보겠습니다.

❶ [시퀀스 사전 설정] 탭에서 프리미어 프로가 제공하는 보편적인 시퀀스 사전 설정을 확인할 수 있습니다. 예를 들어, DV 표준 포맷으로 찍힌 영상은 DV-NTSC 시퀀스 사전 설정을 사용합니다.

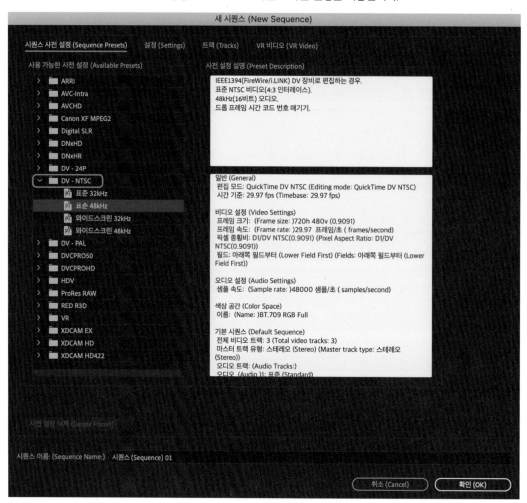

❷ [설정] 탭에서 옵션을 조정하여 직접 시퀀스 설정을 만들 수 있습니다.

❸ [트랙] 탭에서 **타임라인 패널**의 비디오 및 오디오 트랙 개수를 조절할 수 있습니다. 비디오 및 오디오 트랙 개수
는 이후 **타임라인 패널**에서 편집하면서도 추가할 수 있습니다.

03 시퀀스를 수동으로 설정하기 위해 [설정] 탭을 클릭합니다. [편집 모드(Editing Mode)]에서 [사용자 정의]를 선택하면, [시간 기준(Timebase)]에서 프레임 옵션을 선택할 수 있습니다. 일반적으로 [29.97 프레임/초 (frames/second)]를 많이 사용합니다.

시퀀스 사전 설정 (Sequence Presets)	설정 (Settings)	트랙 (Tracks)	VR 비디오 (VR Video)
편집 모드: (Editing Mode:)	사용자 정의		
시간 기준: (Timebase:)	29.97 프레임/초 (frames/second)		

04 [프레임 크기(Frame Size)]는 영상의 가로 길이와 세로 길이를 의미합니다. 가장 일반적인 FHD 영상의 경우 가로 1920px, 세로 1080px을 사용합니다. 최근 많이 사용되는 4K 영상의 경우 가로 3840px, 세로 2160px을 사용합니다.

[픽셀 종횡비(Pixel Aspect Ratio)]는 프레임을 이루는 픽셀들의 가로와 세로 비율을 의미합니다. 프레임의 크기에 따라 다른 픽셀 비율을 사용할 수 있으나, 일반적으로 [정사각형 픽셀(1.0)]을 사용합니다. [필드 (Fields)]는 [필드 없음(프로그레시브 스캔)]을 선택합니다.

비디오 (Video)			
프레임 크기: (Frame Size:)	1920 가로 (horizontal)	1080 세로 (vertical)	16:9
픽셀 종횡비: (Pixel Aspect Ratio:)	정사각형 픽셀(1.0)		
필드: (Fields:)	필드 없음(프로그레시브 스캔)		
표시 형식: (Display Format:)	29.97fps 드롭 프레임 시간 코드 (29.97 fps ...		
작업 색상 공간: (Working Color Space:)	Rec. 709		

05 [파일 형식 미리 보기(Preview File Format)]는 영상의 코덱(디지털 영상을 압축 및 압축 해제하는 소프트웨어)을 의미합니다. 일반적으로 [I-프레임 전용 MPEG(I-Frame Only MEPG)]을 사용합니다. 이외의 사항은 조정하지 않아도 됩니다.

비디오 미리 보기 (Video Previews)		
파일 형식 미리 보기: (Preview File Format:)	I-프레임 전용 MPEG (I-Frame Only MPEG)	구성: (Configure..)
코덱: (Codec:)	MPEG I-프레임 (MPEG I-Frame)	
폭: (Width:)	1920	
높이: (Height:)	1080	다시 설정 (Reset)
☐ 최대 비트 심도 (Maximum Bit Depth)	☐ 최대 렌더링 품질 (Maximum Render Quality)	
☑ 선형 색상으로 합성(GPU 가속 또는 최대 렌더링 품질 필요)		

06 [샘플 속도(Sample Rate)]는 오디오의 샘플 속도를 결정하며, 초당 몇 개의 샘플을 획득하는 지를 나타냅니다. [표시 형식(Display Format)]은 오디오의 시간을 표시하는 방식입니다. 기본 설정을 사용합니다.

07 설정이 완료되었다면 [사전 설정 저장(Save Preset)]을 선택한 후, [이름(Name)]을 설정하고 [확인(OK)]을 클릭합니다.

08 [시퀀스 사전 설정] 탭에서 수동으로 설정한 시퀀스가 생성된 것을 확인할 수 있습니다. [시퀀스 사전 설정]은 한번 만들면 계속 사용 가능하므로, 자주 사용하는 시퀀스 설정을 만들어두고 사용하는 것을 추천합니다. [시퀀스 설정]을 선택하고 [확인(OK)]을 클릭합니다.

09 **프로젝트 패널**과 **타임라인 패널**에 새로운 시퀀스가 생성됩니다.

10 **프로젝트 패널**의 영상 클립을 **타임라인 패널**에 드래그 앤 드롭하여 편집을 시작하면 됩니다. 이때, 수동으로 만든 시퀀스와 영상 클립의 설정이 일치하지 않으면 경고창이 뜹니다. [시퀀스 설정 변경(Change sequence settings)]을 누르면 내가 만든 시퀀스의 옵션이 영상 클립에 맞게 변경되며, [기존 설정 유지(Keep existing settings)]를 선택하면 내가 만든 시퀀스의 설정에 맞게 영상 클립의 속성이 변합니다.

POINT

시퀀스 설정 변경하기

기존에 자동으로 생성된, 혹은 만들어둔 시퀀스의 설정을 변경할 수 있습니다. **프로젝트 패널**에서 시퀀스를 마우스 오른쪽 버튼으로 클릭하여 [시퀀스 설정(Sequence Settings)]을 선택합니다. 원하는 설정으로 변경한 후 [확인]을 클릭하면 변경 사항이 저장됩니다.

Chapter

02

컷 편집하기

영상 편집의 80%는 컷 편집이라고 할 수 있습니다. 특별한 효과가 없더라도 영상의 목적에 알맞게 컷 편집을 진행한다면 영상을 완성할 수 있기 때문입니다. 날것의 영상을 가장 먼저 가공하는 단계로 시간이 가장 오래 걸리기도 합니다. 컷 편집을 하는 방식이나 순서에는 정답이 없습니다. 컷 편집에 필요한 기본적인 기능을 배운 후 직접 편집해 보는 경험이 무엇보다 중요합니다.

01 클립 자르기

컷 편집을 하기 위해서는 영상 클립을 재생해 보며 불필요한 부분을 제거해야 합니다. 가장 기본적인 방법으로 자르기 도구를 활용해 영상 클립의 일부분을 지워보겠습니다.

• 예제 파일 : 컷 편집.prproj   • 완성 파일 : 컷 편집_완성.prproj

01 컷 편집.prproj 파일을 실행합니다. **프로젝트 패널**의 [샌프란 비행기] 클립을 **타임라인 패널**로 드래그 앤 드롭하여 시퀀스를 자동으로 생성합니다.

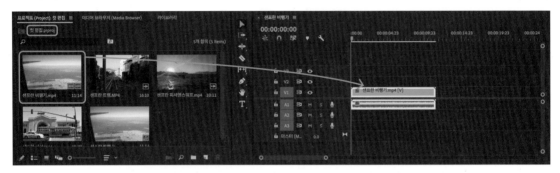

02 클립을 좀 더 섬세하게 자르기 위해 타임라인의 배율을 조절합니다. **타임라인 패널** 하단의 스크롤바 끝에 표시된 원을 왼쪽으로 조절하면 타임라인 배율이 커지고, 오른쪽으로 조절하면 배율이 작아집니다.

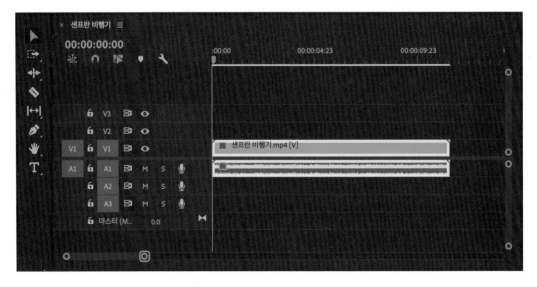

03 [샌프란 비행기] 클립을 자르는 지점인 00:00:06:00으로 재생 헤드를 옮깁니다. 재생 헤드는 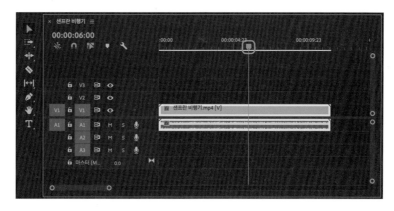 아이콘을 선택한 후 좌우로 드래그하여 옮길 수 있습니다.

04 [자르기 도구(Razor Tool)]를 선택하고, 재생 헤드와 겹치는 부분을 클릭합니다. [자르기 도구]로 클릭한 곳을 기준점으로 영상이 두 개로 잘립니다. 자른 부분을 되돌리고 싶을 때는 Cmd / Ctrl + Z 를 누릅니다.

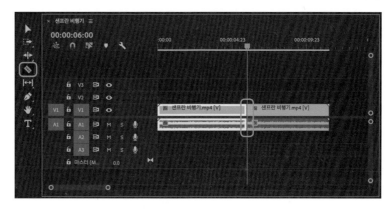

05 잘린 클립 중 뒷 클립을 선택하고 Delete 를 누르거나, 마우스 오른쪽 버튼을 클릭하여 [지우기(Clear)]를 선택하면 클립이 제거됩니다.

06 [자르기 도구]를 이용하기 번거로울 때는 트리밍 기능을 활용합니다. 클립의 가장자리 부분에 마우스를 올리면 트리밍 기능 아이콘이 나타납니다.

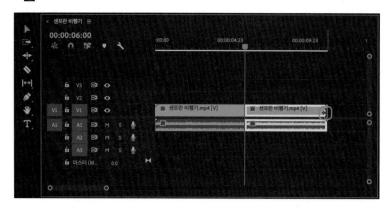

07 트리밍 기능 아이콘을 마우스로 클릭한 후 좌우로 이동하면 영상이 줄어들면서 길이가 짧아지거나, 잘린 영상이 살아나면서 영상 길이가 늘어납니다.

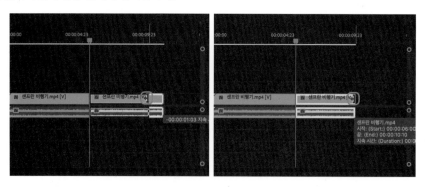

P O I N T

트리밍 기능이 적용되지 않는 경우

트리밍 기능은 남은 영상 길이가 있을 때 활성화됩니다. 따라서 영상의 앞뒤에 삼각형 모양이 있다면, 더이상 남은 영상 길이가 없다는 뜻이므로 트리밍이 불가합니다.

08 같은 방식으로 [샌프란 비행기] 클립 뒤에 **프로젝트 패널**의 다른 영상을 가져와 잘라봅니다.

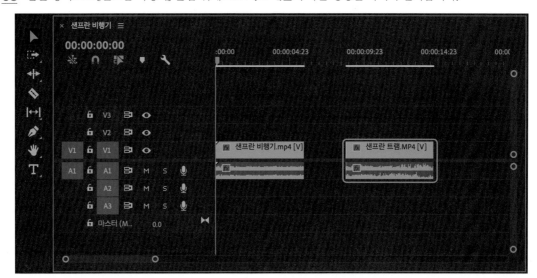

완성 영상

P O I N T

컷 편집에서 자주 쓰는 단축키

단축키를 활용하여 편집하면 컷 편집 시간을 훨씬 단축할 수 있으니 적절히 사용하는 것을 추천합니다. 종종
키보드가 한글로 설정되어 있어 단축키가 적용되지 않는 경우가 있습니다. 이때 [한/영]을 한 번 누르고 단축키를
사용하면 됩니다.

[선택 도구]의 단축키는 V이며, [자르기 도구]의 단축키는 C입니다. 이를 번갈아가면 편하게 컷 편집을 할
수 있습니다. 또한, 영상을 자를 위치로 재생 헤드를 옮긴 후, Q를 누르면 재생 헤드 기준으로 앞 부분이 잘
리면서 자동으로 붙습니다. W를 누르면 재생 헤드 기준으로 뒷부분이 잘리면서 클립이 자동으로 붙습니다.

02 빈 공간 조절하기

컷 편집 후 잘라낸 클립은 삭제하고 다른 위치로 이동시키면 타임라인에 빈 공간이 나타납니다. 클립의 삭제 및 이동, 빈 공간을 조절하는 방법을 알아보겠습니다.

• 예제 파일 : 빈 공간 조절.prproj   • 완성 파일 : 빈 공간 조절_완성.prproj

01 빈 공간 조절.prproj 파일을 실행합니다. 먼저 [선택 도구(Selection Tool)]를 누른 후, 두 번째 클립을 선택하여 첫 번째 클립 바로 뒤에 오도록 이동하여 빈 공간을 제거합니다.

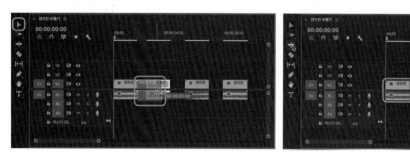

02 [선택 도구]로 빈 공간을 지우기 번거로울 때는 [잔물결 편집 도구(Ripple Edit Tool)]를 활용합니다. [잔물결 편집 도구]를 선택하고 빈 공간을 클릭합니다.

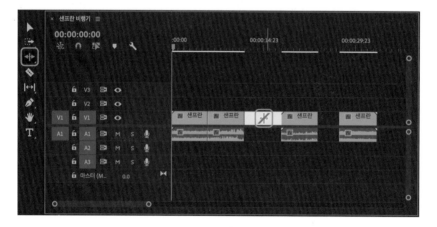

03 Delete 또는 마우스 오른쪽 버튼으로 [잔물결 삭제(Ripple Delete)]를 클릭하면 클립과 클립 사이의 빈 공간이 사라집니다.

04 빈 공간 전체를 삭제하는 것이 아니라 일부만 조절하고 싶다면 트리밍 기능을 활용합니다. [잔물결 편집 도구]를 클릭하고 영상 클립의 가장자리에 마우스를 올리면 트리밍 기능 🔧이 나타납니다. 이를 좌우로 드래그하면 빈 공간의 길이가 조절됩니다.

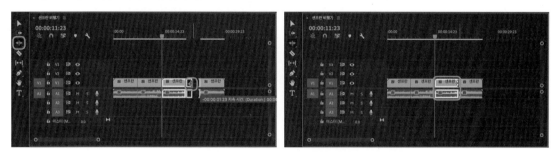

05 클립과 클립 사이에 빈 공간이 없어도 [잔물결 편집 도구]를 활용할 수 있습니다. [잔물결 편집 도구]를 누르고, 트리밍 기능으로 영상의 가장자리 길이를 조절해 봅니다. 영상이 늘어나고 줄어드는 길이에 맞춰 붙어 있는 클립의 위치도 빈 공간 없이 조절됩니다.

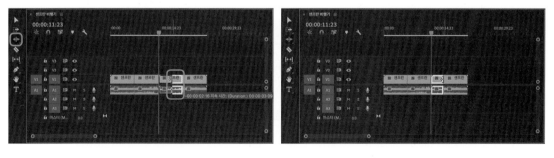

06 앞의 도구를 활용하지 않고 한번에 영상 전체의 빈 공간을 지우는 방법도 있습니다. 빈 공간이 없어진 클립의 위치를 다시 조정하여 클립 사이의 간격을 띄웁니다.

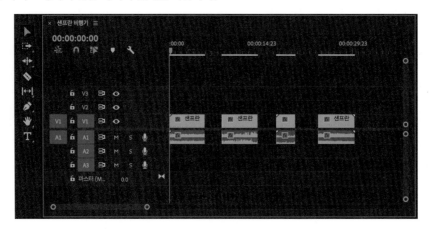

07 [시퀀스(Sequence)] – [간격 닫기(Close Gap)]를 누릅니다.

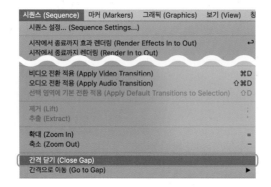

08 타임라인 패널의 모든 빈 공간이 사라집니다.

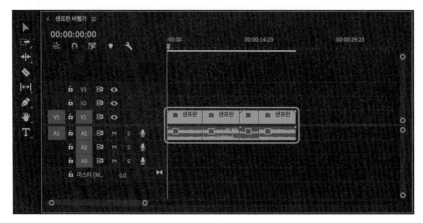

SECTION
03 클립 삽입하기

컷 편집 과정에서 이미 편집한 클립과 클립 사이에 새로운 클립을 삽입해야 할 때가 있습니다. 소스 모니터 패널을 활용하여 간단하게 클립과 클립 사이에 새로운 클립을 삽입하거나 덮어쓰는 방식을 알아보겠습니다.

• 예제 파일 : 클립 삽입.prproj　　• 완성 파일 : 클립 삽입_완성.prproj

01　클립 삽입.prproj 파일을 실행한 후 **타임라인 패널**을 선택합니다. 첫 번째 클립과 두 번째 클립 사이에 새로운 클립을 삽입해 보겠습니다. 먼저 두 클립 사이로 재생 헤드를 옮깁니다. Shift를 누른 채 재생 헤드를 옮기면 정확히 클립과 클립 사이로 재생 헤드가 옮겨집니다.

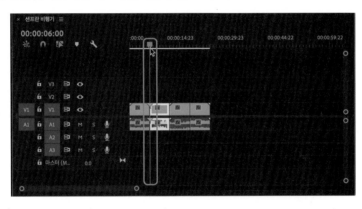

02　타임라인 패널에서 [샌프란 파인아츠] 클립을 더블클릭하여 **소스 모니터 패널**을 실행합니다. **소스 모니터 패널**에서 [시작 표시(Mark In)] 와 [종료 표시(Mark Out)] 를 눌러 삽입할 길이를 설정합니다. 이후 [삽입(Insert)] 을 클릭하거나 단축키 ,를 누릅니다.

03 재생 헤드가 있던 위치에 [샌프란 파인아츠] 클립이 삽입됩니다. 두 번째에 있던 클립은 자연스럽게 뒤로 밀립니다.

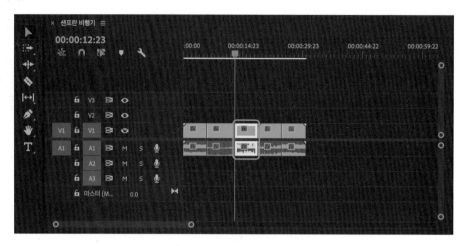

04 이번에는 네 번째 클립 중앙에 [샌프란 페리빌딩] 클립을 덮어 씌워보겠습니다. 클립과 클립 사이에 삽입하는 것이 아니라, 원래 있던 클립을 없애고 그 부분만큼 다른 영상으로 덮어 씌우는 기능입니다. **타임라인 패널**에서 네 번째 클립 중앙으로 재생 헤드를 옮깁니다.

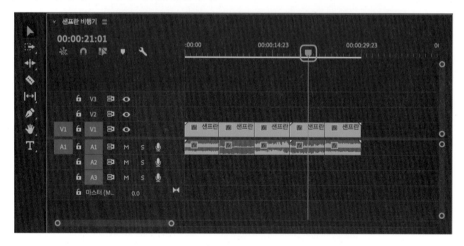

05 [샌프란 파인아츠] 클립을 더블클릭하여 **소스 모니터 패널**을 실행합니다. **소스 모니터 패널**에서 삽입할 길이
만큼 [시작 표시(Mark In)] ▮와 [종료 표시(Mark Out)] ▮를 설정합니다. 이후 [덮어쓰기(Overwrite)] ▣를
클릭하거나 단축기 ◯을 누릅니다.

06 재생 헤드를 기준으로 [샌프란 파인아츠] 클립의 길이만큼 덮어 씌워진 것을 확인할 수 있습니다.

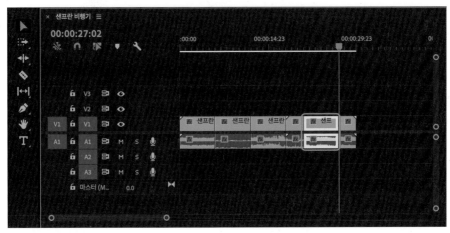

[타임라인 패널]에 마커 추가하고 삭제하기

영상을 편집하면서 간단한 메모를 적어두고 싶을 때 [마커(Marker)] 기능을 활용할 수 있습니다. 영상 편집의 특성상 공동 작업을 해야할 때 특히 유용하게 쓰는 기능입니다.

• 예제 파일 : 마커 추가.prproj   • 완성 파일 : 마커 추가_완성.prproj

01 마커 추가.prproj 파일을 실행합니다. **타임라인 패널**에서 마커를 삽입할 위치로 재생 헤드를 옮깁니다.

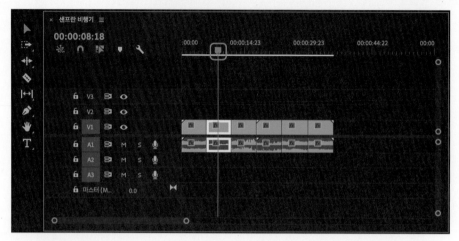

02 **타임라인 패널**에서 재생 헤드가 있는 시간 눈금자(Time Ruler) 위에 마우스를 올리고, 마우스 오른쪽 버튼을 클릭하여 [장 마커 추가(Add Chapter Marker)]를 선택합니다.

03 [마커(Marker)] 창이 열립니다. [이름(Name)]에는 '비행기', [주석(Comments)]에는 '날아라'를 적고, [마커 색상(Marker Color)]은 4번째 색을 선택합니다. [확인(OK)]을 클릭합니다.

04 시간 눈금자에 주황색 마커가 추가됩니다. 마커 위에 마우스를 올리면 장 마커의 이름과 주석을 확인할 수 있습니다.

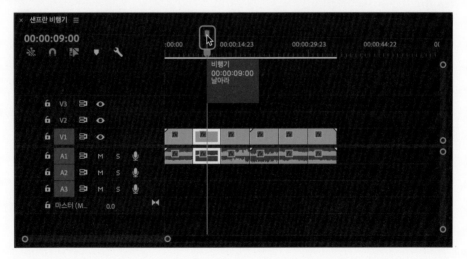

05 방금 생성한 마커를 Opt / Alt 를 누른 채 클릭합니다. 마커가 두 개로 분리됩니다.

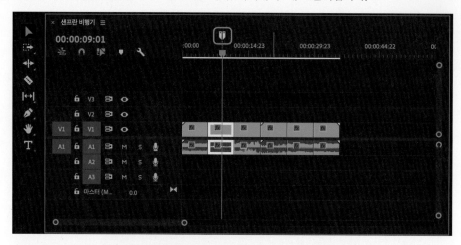

06 마커의 앞뒤를 움직여 표시할 범위를 설정합니다.

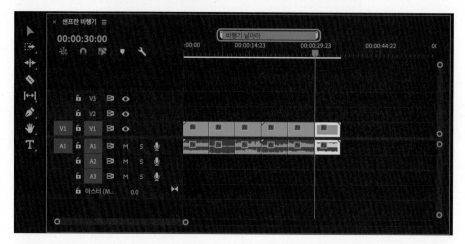

07 마커를 수정하고 싶을 때는 마커를 마우스로 더블클릭하거나 마우스 오른쪽 버튼을 클릭하여 [마커 편집(Edit Marker]을 선택합니다.

08 마커의 속성을 변경하고 [확인(OK)]을 클릭하면 변경사항이 저장됩니다.

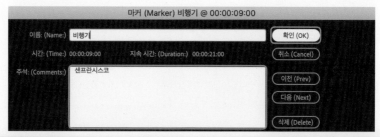

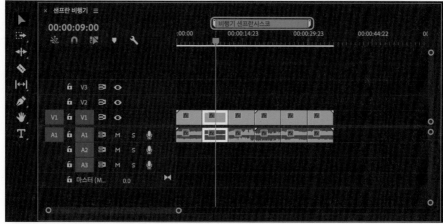

09 마커를 삭제하고 싶을 때는 마커를 마우스로 더블클릭하여 [삭제(Delete)]를 누르거나, 마커를 마우스 오른쪽 버튼을 클릭하여 [선택한 마커 지우기(Clear Selected Marker)]를 누릅니다. 선택한 마커가 삭제됩니다.

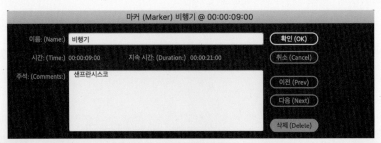

04 클립 효과 조정하기

효과 컨트롤 패널에서는 영상 클립의 크기, 위치, 투명도 등을 조정할 수 있습니다. 클립의 효과를 조정하여 영상에 다양한 효과를 더해 봅니다.

• 예제 파일 : 클립 효과 조정.prproj   • 완성 파일 : 클립 효과 조정_완성.prproj

01 클립 효과 조정.prproj 파일을 실행합니다. **타임라인 패널**에서 [샌프란 일몰] 클립을 선택하고 **효과 컨트롤 패널**을 클릭합니다.

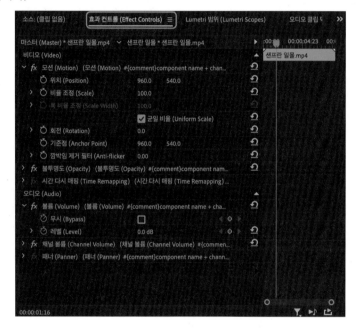

02 [비디오(Video)]에는 [모션(Motion)]과 [불투명도(Opacity)], [시간 다시 매핑(Time Remapping)] 이 있습니다. 이번에는 [모션]과 [불투명도]를 조절해 보겠습니다. [모션]에는 ❶ 위치(Position), ❷ 비율 조정(Scale), ❸ 회전(Rotation), ❹ 기준점(Anchor Point) 등이 있습니다.

❶ [위치]는 클립의 x축, y축 위치를 의미합니다. x축을 조절하면 가로 방향으로, y축을 조절하면 세로 방향으로 영상이 움직입니다. x축 값을 800, y축 값을 600으로 조정하여 위치를 이동합니다.

❷ [비율 조정]은 클립의 크기를 의미합니다. 원본 영상을 100%의 크기로 생각하고 숫자 값을 줄이면 크기가 작아지며, 숫자 값을 키우면 크기가 커집니다. 값을 60으로 조정하여 크기를 줄입니다.

❸ [회전]은 클립의 각도를 의미합니다. 기본값은 0도이며, 360도 회전할 시 기본값과 동일해집니다. 5도로 각도를 조절하면 오른쪽으로 5도 회전합니다.

❹ [기준점]은 [위치], [비율 조정], [회전] 조절 시 기준이 되는 중심점의 x축과 y축 위치입니다. 클립의 정중앙을 기본값으로 갖고 있습니다. 기준점 값을 480, 800으로 조절하면 중심점이 변경되어 위치가 변경됩니다.

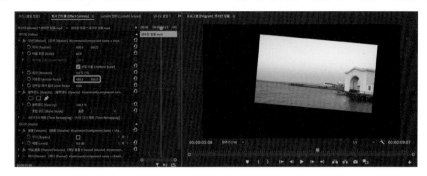

03 [불투명도]에는 ❶ 불투명도(Opacity), ❷ 혼합 모드(Blend Mode)가 있습니다.

❶ [불투명도]는 클립의 투명도를 의미합니다. 기본값은 100%이며, 비율을 줄일수록 영상이 투명해집니다. 50%로 줄이면 영상이 흐리게 나타납니다.

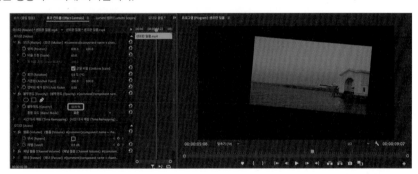

❷ [혼합 모드]는 영상을 다른 영상과 혼합할 때 투명도를 조절하는 기능입니다. 목적에 따라 선택할 수 있으며, 기본값은 [표준], 이 외에 [디졸브], [어둡게 하기] 등이 있습니다. 하나씩 선택해 보며 원하는대로 조절합니다.

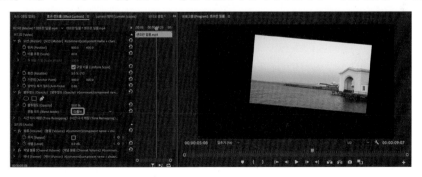

완성 영상

4분할 화면 만들기

분할 화면을 만들 때 틈이 생기지 않도록 정확하게 위치 값을 계산하여 만드는 것이 중요합니다. 4분할 화면을 만드는 원리를 이해하면 다른 분할 화면도 만들 수 있습니다.

• 예제 파일 : 4분할 화면.prproj   • 완성 파일 : 4분할 화면_완성.prproj

01 4분할 화면.prproj 파일을 실행합니다. 영상 4개를 어떤 위치에 둘지 생각합니다. ❶에는 [라스베가스 비행기] 클립, ❷에는 [라스베가스 버스] 클립, ❸에는 [라스베가스 사막] 클립, ❹에는 [라스베가스 스트리트] 클립을 넣어 보겠습니다.

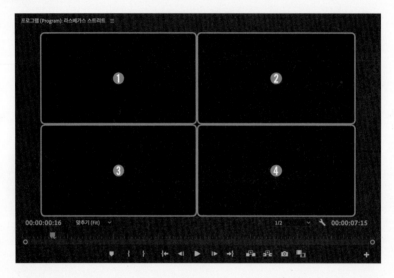

02 ❶ 위치에 들어갈 [라스베가스 비행기] 클립을 제외한 나머지 클립은 **타임라인 패널**의 트랙 눈을 꺼서 잠시 보이지 않도록 합니다.

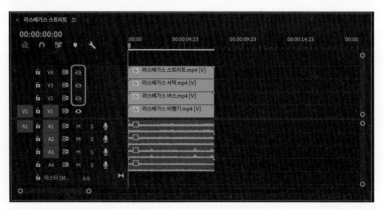

03 **타임라인 패널**에서 [라스베가스 비행기] 클립을 선택하고 **효과 컨트롤 패널**을 클릭합니다. 4분할 화면을 만들 때는 [비율 조정] 기능과 [위치] 기능이 중요합니다. 먼저 크기를 조절하기 위해 [비율 조정] 값을 50으로 변경합니다. 영상이 기존의 1/2 크기로 변합니다.

04 크기를 조정한 후에는 영상의 위치를 조정합니다. 영상의 기준점을 중심으로, [위치]의 x축 값과 y축 값을 변경합니다. 예제 영상은 가로 1920, 세로 1080 크기의 FHD 영상이므로, 이를 4등분하여 계산하면 각 위치의 값을 계산할 수 있습니다. 위치 값은 다음과 같습니다.

	x축	y축
❶	480	270
❷	1440	270
❸	480	810
❹	1440	810

[라스베가스 비행기] 클립은 ❶ 위치에 들어가므로, x축 값을 480, y축 값을 270으로 조정합니다. 영상 위치가 변경됩니다.

05 ❷ 위치에 들어갈 [라스베가스 버스] 클립의 눈을 켜 영상이 보이도록 합니다. [비율 조정]을 50으로 변경하고, [위치]를 x축은 1440, y축은 270으로 변경합니다.

06 ❸ 위치에 들어갈 [라스베가스 사막] 클립과 4 위치에 들어갈 [라스베가스 스트리트] 클립의 위치도 동일한 방법으로 변경합니다.

07 재생을 눌러 완성된 4분할 영상을 확인합니다.

완성 영상

05 클립 속도 조정하기

클립 속도를 제어하여 영상 클립을 빠르게 또는 느리게 조절할 수 있습니다. 영상 클립 역재생도 속도 조정 기능에서 실행할 수 있습니다.

• 예제 파일 : 클립 속도 조정.prproj   • 완성 파일 : 클립 속도 조정_완성.prproj

01 클립 속도 조정.prproj 파일을 실행합니다. **타임라인 패널**에서 [샌프란 다운타운] 클립을 선택하고 마우스 오른쪽 버튼을 클릭한 후 [속도/지속 시간(Speed/Duration)]을 선택합니다.

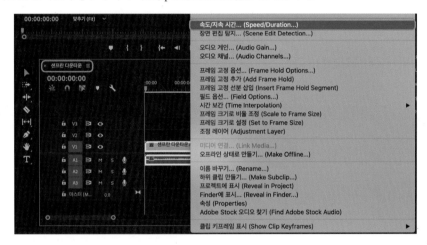

02 [클립 속도/지속 시간] 창이 열립니다. [속도(Speed)]와 [지속 시간(Duration)], [뒤로 재생(Reverse Speed)], [오디오 피치 유지(Maintain Audio Pitch)], [잔물결 편집, 후행 클립 이동(Ripple Edit, Shifting Trailing Clips)] 기능이 있습니다.

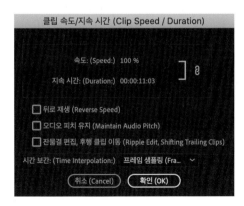

03 [속도]는 클립의 속도를 의미합니다. 속도의 기본값은 100이며, 숫자 값을 줄이면 속도가 느려지고, 숫자 값을 높이면 속도가 빨라집니다. [속도]를 200으로 변경하고 [확인(OK)]을 누릅니다.

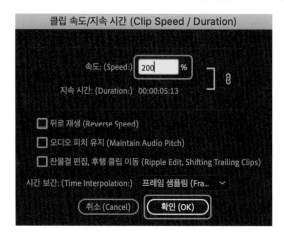

04 영상 속도가 기존 대비 2배로 빨라집니다. 속도가 빨라지면서 클립의 길이도 짧아진 것을 확인할 수 있습니다.

05 영상의 속도를 조절하는 것이 아니라, 특정 시간 내로 영상을 조절하고 싶다면 [지속 시간]을 조정합니다. 지속 시간을 00:00:05:00(5초)로 지정하고 [확인(OK)]을 누릅니다.

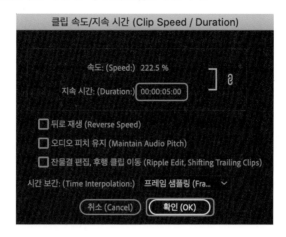

06 영상이 5초에 알맞은 속도로 자동 조절됩니다.

07 오른쪽의 체인 모양은 [속도]와 [지속 시간]을 묶어주는 기능입니다. [속도] 값을 조절하면 자동으로 지속 시간이 변경됩니다. 마찬가지로 [지속 시간]을 조절하면 자동으로 속도가 변경됩니다. 속도를 줄이면서 지속 시간은 그대로 유지하고 싶을 때 이 관계를 끊어주면 됩니다. 체인을 클릭하면 연결이 끊깁니다. 체인을 끊고 [속도]를 50, [지속 시간]을 00:00:10:00(10초)로 변경하여 [확인(OK)]을 누릅니다.

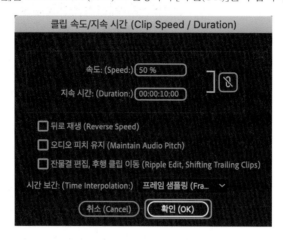

08 속도가 빨라졌으나 지속 시간은 10초로 유지되는 것을 확인할 수 있습니다.

09 [뒤로 재생]은 영상을 반대로 재생하는 기능입니다. [뒤로 재생]의 체크 박스를 선택하고 [확인(OK)]을 누릅니다.

10 클립이 반대로 재생되는 것을 확인할 수 있습니다.

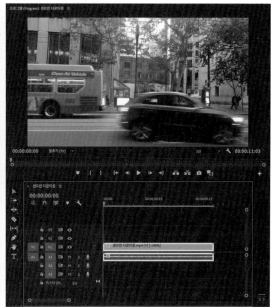

11 [오디오 피치 유지]는 오디오의 높이를 그대로 유지하는 것을 의미합니다. 영상의 속도를 느리게 조절하면 오디오의 높이가 낮아지고, 영상의 속도를 빠르게 조절하면 자연스럽게 오디오 높이가 높아집니다. 이러한 변화를 무시하고 오디오의 기존 높이를 유지하고 싶을 때 체크 박스를 선택합니다.

12 [잔물결 편집, 후행 클립 이동]은 속도 조절 후 생기는 잔물결(빈 공간)을 자동으로 없애는 기능입니다. **타임라인 패널**에 하나의 클립만 있다면, [확인(OK)]을 눌러도 아무런 변화가 일어나지 않습니다.

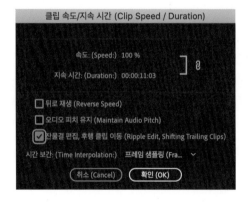

13 **프로젝트 패널**에서 [샌프란 밤트램] 클립을 **타임라인 패널**로 드래그 앤 드롭합니다. [샌프란 다운타운] 클립 바로 뒤에 [샌프란 밤트램] 클립을 이어 붙입니다.

14 [샌프란 다운타운] 클립의 [속도]를 200으로 설정하고 [잔물결 편집, 후행 클립 이동]의 체크 박스를 선택한 후 [확인(OK)]을 누릅니다.

15 [샌프란 다운타운] 클립의 길이가 줄어들면서 [샌프란 밤트램] 클립의 위치도 조절됩니다. 만약 [잔물결 편집, 후행 클립 이동]을 선택하지 않는다면 두 번째 이미지와 같이 [샌프란 밤트램] 클립의 위치가 조절되지 않습니다.

완성 영상

06 비디오 전환 효과 적용하기

영상 클립을 전환할 때 전환 효과를 활용하면 자연스럽게 영상이 전환됩니다. 전환 효과는 각 영상 클립의 시작과 끝부분, 클립과 클립 사이에 넣을 수 있습니다.

• 예제 파일 : 비디오 전환 효과.prproj   • 완성 파일 : 비디오 전환 효과_완성.prproj

01 비디오 전환 효과.prproj 파일을 실행합니다. 상단의 작업 영역 모드를 [효과(Effects)]로 변경하면 오른쪽에 **효과 패널**이 활성화됩니다.

02 **효과 패널**에서 [비디오 전환(Video Transitions)] − [디졸브(Dissolve)] − [검정으로 물들이기(Dip to Black)]를 선택하여 첫 번째 클립의 앞부분으로 드래그 앤 드롭합니다.

03 [검정으로 물들이기] 효과의 가장자리에 마우스를 올리면 트리밍 기능이 나타납니다. 클립과 마찬가지로 전환 효과 또한 트리밍을 통해 자유롭게 길이 조절이 가능합니다.

04 영상을 재생하여 효과가 적용된 모습을 확인합니다. 검은색에서 점점 밝아지면서 첫 번째 클립의 영상이 나타납니다.

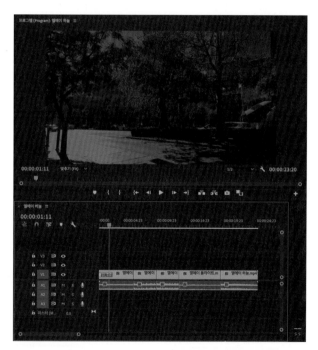

P O I N T

비디오 효과와 비디오 전환의 차이

비디오 효과는 영상 클립에 적용하는 효과를 의미합니다. 앞서 배운 크기, 투명도 조절뿐만 아니라 색상 교정, 노이즈 기능 추가 등이 있습니다. 비디오 전환은 다른 영상으로 변화할 때 쓰는 전환 효과만을 의미합니다. 효과는 하나의 클립 전체에 적용하지만, 전환은 클립의 앞이나 뒷부분에만 적용 가능합니다.

05 이번에는 클립과 클립 사이에 전환 효과를 적용해 보겠습니다. **효과 패널**에서 [비디오 전환] – [디졸브] – [교차 디졸브(Cross Dissolve)]를 선택하여 두 번째와 세 번째 클립 사이로 드래그 앤 드롭합니다. 클립과 클립 사이에 효과가 적용됩니다. 영상을 재생하면 자연스럽게 두 클립이 겹치면서 전환이 이뤄집니다.

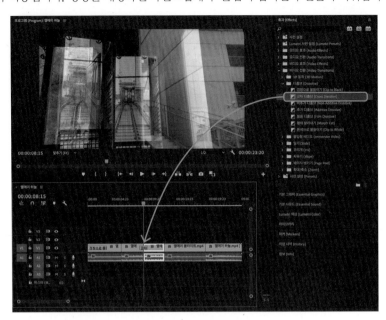

06 같은 방법으로 네 번째 클립과 다섯 번째 클립 사이에는 [필름 디졸브(Film Dissolve)]를, 다섯 번째 클립 끝에는 [검정으로 물들이기]를 적용합니다.

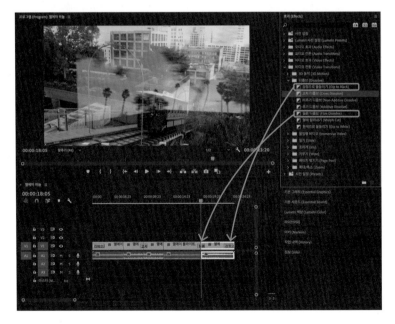

07 조금 더 무거운 효과를 적용해 보겠습니다. [비디오 전환] – [조리개(Iris)] – [조리개 원형(Iris Round)]를 선택하여 세 번째 클립과 네 번째 클립 사이로 드래그 앤 드롭합니다. 원 모양이 생기면서 화면이 전환됩니다.

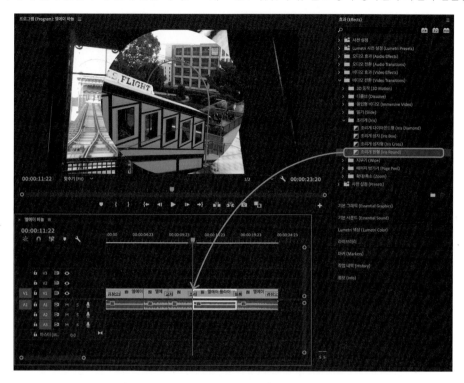

08 무거운 효과의 경우 종종 시간 눈금자 아래에 빨간 선이 뜰 때가 있습니다. 이는 무거운 효과를 적용했으니 미리보기 시 조금 느려진다는 것을 의미합니다. 이때는 Enter 를 눌러 렌더링(Rendering)을 진행합니다.

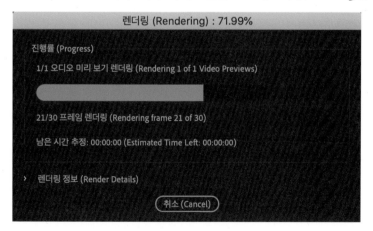

09 렌더링을 진행하면 빨간 선이 초록 선으로 변경되어 영상이 부드럽게 재생됩니다.

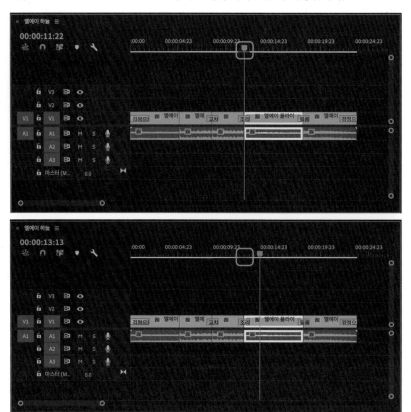

P O I N T

비디오 전환 효과가 적용되지 않거나 전환 효과가 어색한 경우

클립과 클립 사이에 전환 효과를 넣을 때는 두 클립의 프레임이 겹치기 때문에 클립 앞뒤 부분에 여유가 있어야 합니다. 프레임 여유 없이 전환 효과를 적용하면 전환 효과가 적용되지 않거나 어색하게 적용되는 경우가 발생합니다.

클립 가장자리에 삼각형 모양이 있다면 이는 여유가 없다는 의미입니다. 프레임 여유가 없다면 컷 편집을 통해 임의로 여유를 만들 수 있습니다. 이를 고려하여 트랜지션을 적용합니다.

Chapter

03

오디오 편집하기

화질이 좋더라도 소리가 깨지면 전반적으로 영상의 품질이 낮다고 느낍니다. 영상에서 오디오는 화면만큼이나 중요하기 때문에 영상을 편집할 때 오디오가 선명하게 들리는지 확인해야 합니다. 처음부터 스튜디오에서 녹음하거나 야외에서도 마이크를 사용하기 어렵다면 프리미어 프로를 활용해 dB로 측정되는 오디오의 레벨을 조절하고 사람의 말소리와 배경음악의 균형을 맞추는 방법을 알아보겠습니다.

01 오디오 볼륨 조절하기

프리미어 프로 안에서 오디오의 크기를 조절하는 방식은 크게 두 가지로 나눠볼 수 있습니다. 오디오의 출력값인 볼륨을 조정하거나 오디오 입력값인 오디오 게인을 조정할 수 있습니다. 먼저, 볼륨을 조정하는 방법을 알아보겠습니다.

• 예제 파일 : 오디오 볼륨.prproj

01 오디오 볼륨.prproj 파일을 실행합니다. **타임라인 패널**의 오디오 트랙에 있는 [synth] 클립을 재생해 보겠습니다.

02 **타임라인 패널** 오른쪽에 있는 **오디오 패널**에서 오디오 전체의 크기를 확인할 수 있습니다. 오디오는 ❶ 0dB(데시벨)을 기준으로 조정하는데, 이때 0dB은 소리가 없는 것이 아니라 오디오의 기준값입니다. 0dB을 넘어가면 소리가 왜곡되거나 손상되기 때문에 ❷ 빨간색으로 표시됩니다. ❸ 노란 선은 재생 중인 오디오 클립에서 가장 크게 출력되는 오디오값을 의미합니다.

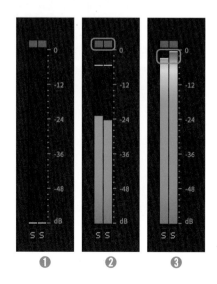

❶   ❷   ❸

03 타임라인 패널의 A1 오디오 트랙에서 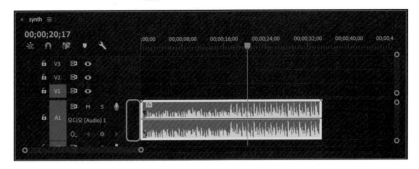 아이콘 옆 빈 공간을 더블클릭하여 오디오 트랙의 높이를 늘립니다.

04 [synth] 클립 가운데 나타난 볼륨 선을 상하로 조절하여 오디오 클립의 소리가 커지고 작아지는 것을 확인합니다.

05 오디오 클립이 선택된 상태에서 **효과 컨트롤 패널**을 클릭합니다. [볼륨(Volume)] – [레벨(Level)]에서 소수점까지 직접 값을 조정할 수 있습니다.

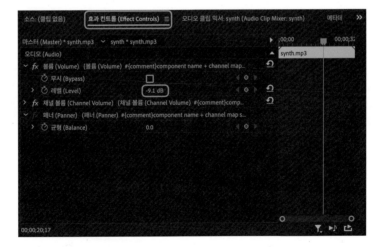

P O I N T

단축키로 오디오 볼륨 빠르게 조절하기

오디오 클립을 선택한 상태에서 ⬇를 누르면 1dB씩 소리 크기가 줄어듭니다. 반대로 ⬆를 누르면 클립의 소리가 1dB씩 커집니다. Shift를 누르고 2개 이상의 오디오 클립을 선택한 상태에서도 ⬆, ⬇를 눌러 조정할 수 있습니다.

02 오디오 게인 조절하기

오디오 게인은 오디오 입력값을 의미합니다. 오디오 볼륨으로도 소리 크기를 조정할 수 있지만 소리가 너무 크거나 작게 녹음된 경우, 섬세하게 조정하기 위해 오디오 게인을 활용할 수 있습니다.

• 예제 파일 : 오디오 게인.prproj   • 완성 파일 : 오디오 게인_완성.prproj

01 오디오 게인.prproj 파일을 실행합니다. **타임라인 패널**에는 총 3개의 영상 클립이 있습니다. 각 클립을 재생하여 소리 크기의 차이를 확인합니다.

02 먼저 오디오 파형을 확인할 수 있도록 A1 오디오 트랙의 빈 곳을 더블클릭하여 오디오 트랙의 높이를 늘립니다.

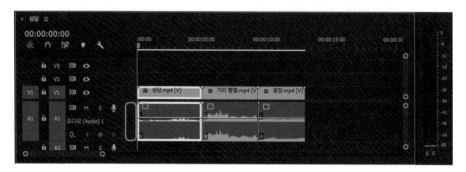

03 소리가 작은 [성당] 클립을 선택합니다. 마우스 오른쪽 버튼을 클릭하여 [오디오 게인(Audio Gain)]을 선택합니다. [오디오 게인] 창 하단의 [최고 진폭(Peak Amplitude)]은 선택한 클립 중 가장 소리가 큰 지점의 크기를 의미합니다. [게인 설정(Set Gain to)]을 선택한 후 10을 입력하고 [확인(OK)]을 누릅니다.

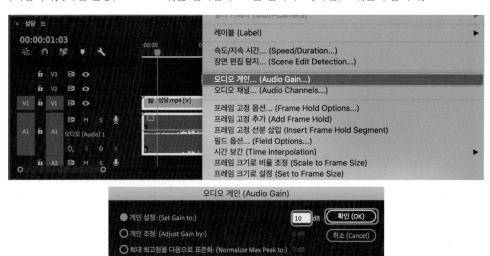

04 **타임라인 패널**에서 [성당] 클립의 파형이 변한 것을 확인합니다.

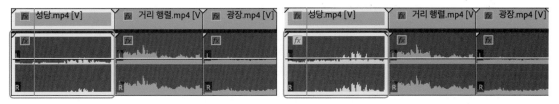

05 [게인 설정]을 한 번 했던 클립의 게인을 추가로 조정할 때는 [게인 조정(Adjust Gain by)]을 사용합니다. [게인 조정]에서 5 dB를 입력하면 [게인 설정]의 값이 15로 변경됩니다.

06 [광장] 클립을 선택한 후 마우스 오른쪽 버튼을 클릭하면 [오디오 게인] 창이 다시 나타납니다. [최대 최고점을 다음으로 표준화(Normalize Max Peak to)]는 선택한 클립 소리가 가장 큰 지점, 즉 최대 최고 진폭을 조정할 수 있는 기능입니다. −3 dB을 입력하고 [확인(OK)]을 누르면 [광장] 클립의 소리가 커진 것을 확인할 수 있습니다.

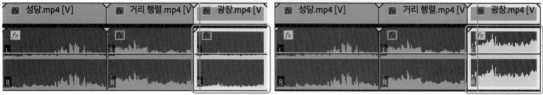

07 한 번에 오디오 게인을 조절하여 소리의 크기를 평준화하는 방법도 있습니다. [성당] 클립, [거리 행렬] 클립, [광장] 클립을 모두 선택한 후 마우스 오른쪽 버튼을 클릭하여 [오디오 게인]을 선택합니다. [모든 최고점을 다음으로 표준화(Normalize All Peaks to)]에서 −5dB을 입력하고 [확인(OK)]을 누릅니다.

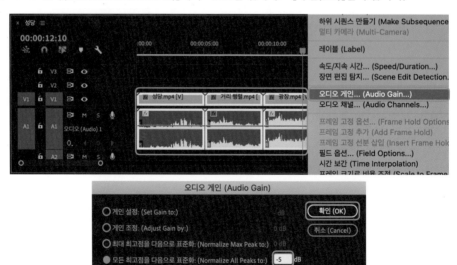

08 **타임라인 패널**에서 모든 클립을 재생하면 처음 예제 파일을 재생했을 때와 달리 전반적으로 소리의 균형이 맞춰진 것을 느낄 수 있습니다. 재생할 때 오른쪽의 **오디오 패널**도 함께 확인합니다.

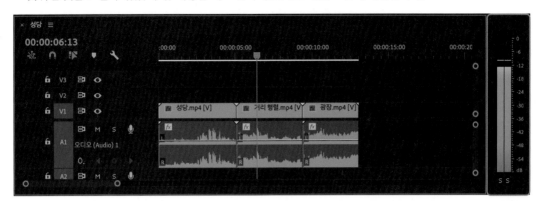

트랙 음소거와 트랙 솔로

특정 오디오 트랙을 음소거하려면 오디오 트랙에 있는 Ⓜ 아이콘을 누릅니다. 반대로 특정 오디오 트랙 소리만 선택하여 듣고 싶은 경우 Ⓢ 아이콘을 누릅니다.

노이즈 제거하기

녹음 환경에 따라 노이즈가 심하게 발생하는 경우가 있습니다. 재녹음이 어려울 때 오디오
효과를 이용해 노이즈를 줄일 수 있습니다.

• 예제 파일 : 노이즈 제거.prproj   • 완성 파일 : 노이즈 제거_완성.prproj

01 노이즈 제거.prproj 파일을 실행하고 [캔들] 클립을 재생하여 오디오를 확인합니다.

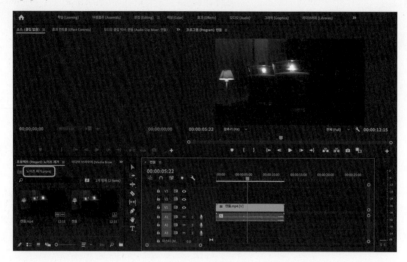

02 작업 영역 모드를 [효과(Effects)]로 변경한 후 **효과 패널**에서 [오디오 효과(Audio Effects)] – [노이즈 감소/복
원(Noise Reduction/Restoration)] – [노이즈 제거(DeNoise)]를 선택합니다.

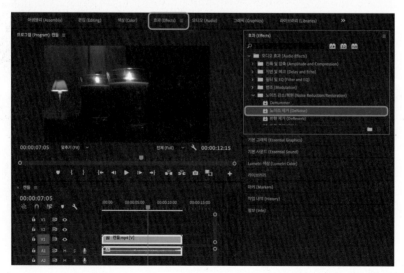

03 [노이즈 제거]를 [캔들] 클립에 드래그 앤 드롭하여 기능을 적용합니다.

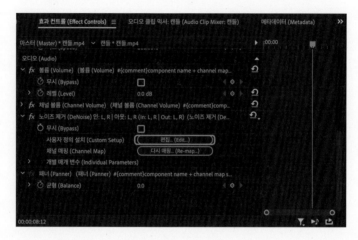

04 **효과 컨트롤** 패널에 [노이즈 제거]가 추가됩니다. [사용자 정의 설치(Custom Setup)] 옆 [편집(Edit)]을 누릅니다.

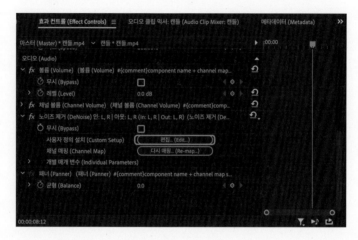

05 적절하게 노이즈가 제거되도록 [양(Amount)]을 40%로 조절합니다. 무조건 노이즈 제거 양을 늘리는 것은 오히려 기존 소리를 손상시킬 가능성이 높기 때문에 과하게 노이즈를 제거하지 않도록 조심합니다.

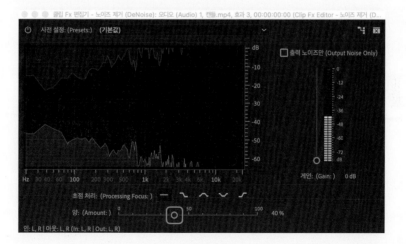

완성 영상

03 오디오와 영상 분리하기

타임라인에 영상 클립을 삽입하면 자동으로 비디오 트랙과 오디오 트랙으로 나누어 집니다. 오디오와 영상을 분리하면
오디오를 제거하거나 반대로 오디오만 추출할 수 있습니다.

• 예제 파일 : 오디오 분리.prproj   • 완성 파일 : 오디오 분리_완성.prproj

01 오디오 분리.prproj 파일을 실행합니다.

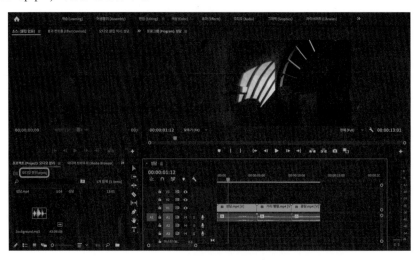

02 [성당] 클립을 선택한 후 마우스 오른쪽 버튼을 클릭하여 [연결 해제(Unlink)]를 누릅니다.

03 [성당] 클립의 연결이 해제되어 비디오 클립과 오디오 클립이 분리됩니다. 비디오 트랙에 있는 [성당] 클립과 오디오 트랙에 있는 [성당] 클립을 각각 선택할 수 있습니다. 오디오 트랙에 있는 [성당] 클립을 선택하고 Delete 를 눌러 오디오를 제거합니다.

04 [거리 행렬] 클립과 [광장] 클립도 마찬가지로 연결을 해제합니다.

05 분리된 오디오 클립을 모두 제거합니다.

06 **프로젝트 패널**에서 background.mp3 파일을 **타임라인 패널**로 드래그 앤 드롭하여 오디오 트랙에 추가합니다. [background] 클립의 길이를 영상 클립에 맞게 조절합니다. 기존 영상 클립의 오디오가 전부 제거되고 배경음악이 삽입된 완성 영상을 확인합니다.

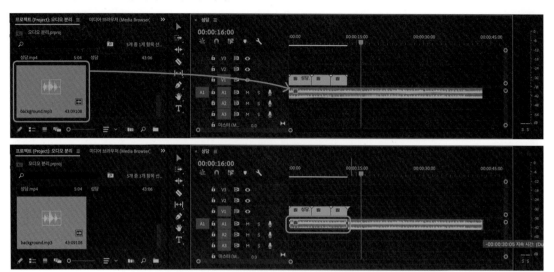

완성 영상

P O I N T

일시적으로 비디오와 오디오를 모두 분리하기

일시적으로 링크를 해제한 상태에서 편집하고 싶다면 **타임라인 패널**의 시간 코드 아래에 있는 세 번째 아이콘 ▧을 눌러 [연결된 선택(Linked Selection)]을 비활성화합니다. 연결이 해제되어 있으면 영상과 오디오의 싱크가 맞지 않기 때문에 이 아이콘은 일시적으로만 사용하기를 추천합니다. 반대로 영상과 오디오가 연결되어 있지 않을 경우 [연결된 선택]의 활성화 여부를 확인합니다.

04 오디오 전환 효과로 오디오 자연스럽게 조절하기

화면 전환 효과를 통해 자연스럽게 영상이 시작되고 끝나는 것처럼 오디오 전환 효과를 활용해 자연스럽게 재생되도록 조절할 수 있습니다.

• 예제 파일 : 오디오 전환.prproj   • 완성 파일 : 오디오 전환_완성.prproj

01 오디오 전환.prproj 파일은 오디오 분리_완성.prproj 파일과 같습니다. 따라서 오디오와 영상 분리하기(p.94)를 따라 예제를 완성했다면 해당 프로젝트 파일로 이어서 진행해도 괜찮습니다. 오디오 전환.prproj 파일을 실행합니다.

02 작업 영역 모드를 [효과(Effects)]로 변경하고 **효과 패널**에서 [오디오 전환(Audio Transitions)] – [크로스페이드(Crossfade)] – [지속 가감속(Constant Power)]을 선택합니다.

03 [지속 가감속]을 [background] 클립의 앞부분과 뒷부분에 드래그 앤 드롭하여 효과를 적용합니다. 재생 헤드를 옮겨 영상의 앞부분과 뒷부분을 재생하면 오디오의 볼륨이 자연스럽게 커지고 자연스럽게 줄어드는 것을 확인할 수 있습니다.

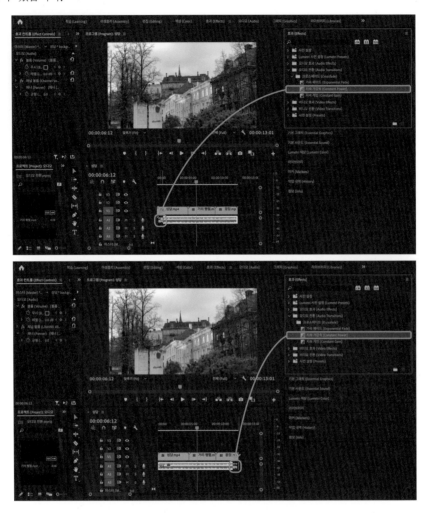

04 전환 효과가 너무 빠르게 일어나 자연스럽지 않다고 느껴지면 적용한 효과의 길이를 조절합니다. A1 오디오 트랙의 빈 곳을 더블클릭하여 A1트랙의 높이를 조절한 후, [지속 가감속] 효과를 선택합니다.

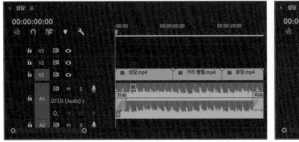
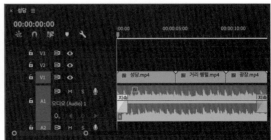

05 트리밍 기능으로 [지속 가감속]의 가장자리를 조절하면 효과의 지속 시간(Duration)을 늘리거나 줄일 수 있습니다. 또는 [지속 가감속]을 더블클릭한 후 [전환 지속 시간 설정(Set Transition Duration)] 창에서 구체적으로 몇 초 동안 효과를 지속할지 입력할 수 있습니다.

06 완성된 영상을 확인합니다.

05 기본 사운드 패널 활용하기

기본 사운드 패널에는 다양한 사전 설정이 있습니다. 이를 활용해 더욱 세부적으로 오디오를 변형시킬 수 있습니다. 별도의 오디오 프로그램을 사용하지 않고도 보컬 또는 목소리를 선명하게 만드는 방법을 알아보겠습니다.

• 예제 파일 : 기본 오디오.prproj   • 완성 파일 : 기본 오디오_완성.prproj

01 기본 오디오.prproj 파일에는 카페에서 대화를 나눈 [카페] 클립이 있습니다.

02 [카페] 클립을 선택하고 작업 영역 모드를 [오디오(Audio)]로 변경합니다. 오른쪽에 활성화된 [기본 사운드 (Essential Sound)]를 확인할 수 있습니다.

03 [기본 사운드]의 [편집(Edit)] 탭 아래 [오디오 유형의 클립 선택(Assign as Audio Type to the selection)]에서 [대화(Dialogue)], [음악(Music)], [SFX], [주변광(Ambience)] 중 알맞은 유형을 선택합니다. 어떤 유형을 선택 하느냐에 따라 옵션이 달라집니다. 목소리가 담긴 클립을 보정하기 위해 [대화]를 선택합니다.

04 [사전 설정(Preset)]의 옵션을 열어 [노이즈 상태의 대화 정리(Clean Up Noisy Dialogue)]를 선택합니다. 영상 클립에 따라 사전 설정을 하지 않고 아래의 다른 속성들을 조절해도 괜찮습니다.

05 [선명도(Clarity)]를 눌러 아래 옵션을 열고 [EQ]의 체크 박스가 선택되어 있는지 확인합니다. EQ는 주파수를 줄이거나 높이는 기능으로 EQ의 양을 조절하여 오디오가 좀더 선명하게 들릴 수 있도록 조정할 수 있습니다. [EQ] 아래 [사전 설정(Preset)] 목록에서 [미세한 증폭(여성)]을 선택하고 수치를 조절합니다.

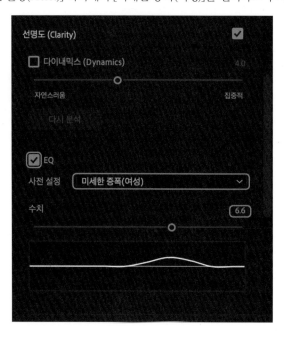

06 [선명도]에서 마지막 옵션 [음성 강화(Enhance Speech)]의 체크 박스를 선택합니다. 오디오 클립에 따라 [여성(Female)] 또는 [남성(Male)]을 선택하면 더 알맞은 주파수로 오디오가 처리됩니다.

P O I N T

오디오 음량 자동 일치시키기

[기본 사운드]에서 오디오 유형을 선택한 후 [음량]의 체크 박스를 눌러 활성화합니다. [자동 일치] 버튼을 누르면 선택한 오디오 클립의 음량 균형을 맞출 수 있습니다. 아래에 자동으로 일치시킨 음량 레벨 값(LUFS)이 표기됩니다.

유튜브 오디오 보관함 이용하기

YouTube 스튜디오에 있는 오디오 보관함을 이용하면 저작권에 대한 부담을 줄일 수 있습니다. 필터링 기능을 통해 필요한 음악을 찾아 다운로드하고 영상에 활용해 보겠습니다.

01 오디오 보관함에는 무료 음악과 음향 효과가 있습니다. 무료 음악 탭에서는 배경 음악으로 사용하기 좋은 음악을 찾을 수 있습니다.

02 장르, 분위기, 아티스트 이름, 길이값을 필터링하여 원하는 분위기의 음악을 검색할 수 있습니다. 원하는 음악을 찾으면 추가된 날짜란에 마우스를 올리고 다운로드 버튼을 눌러 음악 파일을 다운로드합니다.

03 무료 음악의 라이선스 유형은 두 가지입니다. '저작자 표시 필요 없음'으로 필터링 검색하면 YouTube 오디오 보관함 라이선스가 적용됩니다. 이 라이선스에 해당하는 음악을 선택하면 수익을 창출하는 동영상을 포함해 모든 동영상에서 해당 음악을 무료로 사용할 수 있습니다.

04 크리에이티브 커먼즈 저작자 표시 4.0 라이선스에서도 마찬가지로 음악을 무료로 사용할 수 있지만 동영상 설명에 저작자 정보를 반드시 표시해야 합니다.

Chapter

04

자막 편집하기

정보를 전달하는 영상이나 인터뷰 영상 등 목적에 따라 자막이 필수인 경우가 있습니다. 영상의 내용을 보완하는 용도로도 자막은 중요한 역할을 합니다. 영상에 자막을 삽입하기 위해서는 꽤 반복적인 작업이 필요하지만 자막을 편집하는 다양한 방식을 학습하면 편집 시간 단축에 도움이 됩니다. 빠르게 자막을 생성하는 방법부터 눈길을 끌 수 있는 제목을 만드는 방법까지 함께 알아보겠습니다.

01 문자 도구로 자막 생성하기

프리미어 프로의 문자 도구 기능을 활용하면 간단하게 자막을 생성할 수 있습니다. 툴 바(Tool Bar)에 있는 문자 도구
(Type Tool)로 영상 내용에 맞는 텍스트를 입력해 보겠습니다.

• 예제 파일 : **문자도구.prproj**   • 완성 파일 : **문지도구_완성.prproj**

01 문자도구.prproj 파일을 실행합니다. 재생 헤드를 00:00:00:00로 옮깁니다.

02 [도구]의 [텍스트 도구 T(Text Tool)]를 선택하고 **프로그램 모니터 패널**에서 자막을 넣고자 하는 부분을 클
릭해 간단한 텍스트를 입력합니다. 텍스트를 입력하면 [그래픽(Graphic)]이라는 새로운 클립이 비디오 트랙
에 생성됩니다.

03 입력한 텍스트를 드래그한 후 **효과 컨트롤 패널**의 [텍스트(Text)] – [소스 텍스트(Source Text)]에서 텍스트 설정을 조절합니다. 일반적으로 워드, 한글 등 문서 작업을 할 때 사용하는 옵션과 비슷합니다.

04 [소스 텍스트]에서 폰트 종류는 Nunito Black, 폰트 사이즈는 150으로 변경합니다. [텍스트 가운데 맞춤 (Center align text)]으로 가운데 정렬을 실행합니다.

05 [도구]의 [선택 도구(Selection Tool)]로 입력한 텍스트를 선택합니다. Cmd/Ctrl을 누른 채 텍스트를 움직이면 빨간 점선이 생깁니다. 빨간 점선에 맞춰 텍스트를 화면 중앙으로 옮깁니다

06 트리밍 기능 으로 [snow in Lapland] 자막 클립의 길이를 조절하여 자막을 완성합니다.

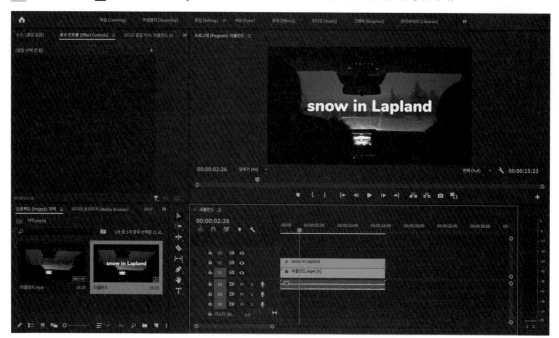

완성 영상

텍스트가 네모로 나올 때

텍스트를 입력했는데 네모로 나올 때는 폰트 종
류를 확인해야 합니다. 영문만 적용되는 폰트인
데 한글을 입력했을 경우, 또는 한글에만 적용
되는 폰트인데 영어를 입력했을 경우 나타나는
현상입니다. 이때 입력한 텍스트를 선택하고 다
시 알맞은 폰트로 변경해주면 입력했던 텍스트
가 올바르게 나타납니다.

• 예제 파일 : 하단자막.prproj   • 완성 파일 : 하단자막_완성.prproj

01 하단자막.prproj 파일을 실행합니다. **타임라인 패널**의 V1 트랙에는 영상 클립, V2 트랙에는 문자 도구로 생성한 자막 클립이 있습니다.

02 V2 트랙의 자막 클립을 선택한 후 **효과 컨트롤 패널**을 클릭합니다.

03 [모양(Appearance)] – [배경(Background)]의 체크 박스를 눌러 [배경]을 활성화합니다. **프로그램 모니터 패널**
에서 텍스트 뒤로 나타난 배경을 확인합니다. 이때, 하단 자막의 배경을 검은색이 아닌 다른 색으로 변경하고
싶다면 [배경] 왼쪽의 컬러 칩 █을 클릭한 후 [색상 피커]에서 배경 색상을 변경합니다.

04 [투명도(Opacity)]를 90%로 조절하고 [크기(Size)]를 15px로 지정합니다. 입력한 텍스트를 해치지 않는 선에
서 자유롭게 조정 가능합니다.

05 첫 번째 하단 자막이 완성되었습니다. 완성된 자막 클립을 선택한 상태에서 Opt / Alt 를 누르고 오른쪽으로 드래그하여 클립의 복사본을 생성합니다. 복사본을 선택한 상태에서 **프로그램 모니터 패널**의 텍스트를 클릭하여 텍스트 내용을 수정합니다.

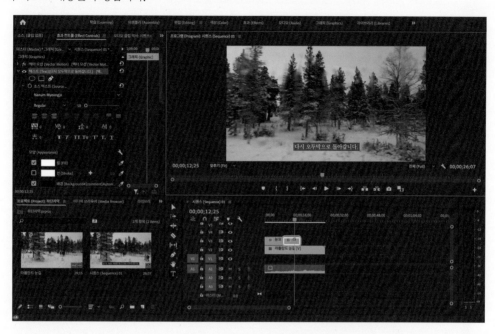

06 자막 클립의 길이를 조정하여 영상을 완성합니다. 완성된 영상을 재생하면 글자 길이에 따라 자동으로 하단 자막 배경의 길이가 조정되는 것을 확인할 수 있습니다.

SECTION

02 레거시 제목으로 인트로 제목 만들기

텍스트 도구를 활용해 빠르게 자막을 편집할 수 있지만 디테일을 살리기 위해서는 레거시 제목을 활용하는 것이 좋습니다.

• 예제 파일 : 레거시제목.prproj　　　• 완성 파일 : 레거시세목_완성.prproj

01 레거시제목.prproj 파일을 실행합니다. [크루즈에서] 클립에서 제목을 넣을 지점으로 재생 헤드를 옮깁니다.

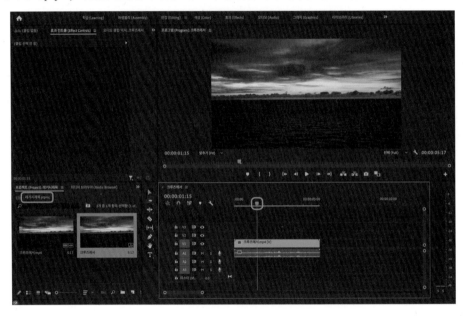

02 [파일(File)] – [새로 만들기(New)] – [레거시 제목(Legacy Title)]을 선택합니다.

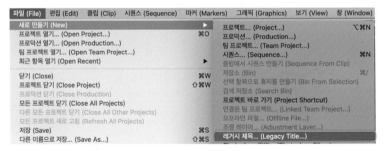

03 [새 제목(New Title)] 창에서 [비디오 설정(Video Settings)]을 확인합니다. 기존 시퀀스 설정과 동일하게 설정되어 있으므로 그대로 [확인(OK)]을 누릅니다. [이름(Name)]은 [제목(Tilte) 01]이 기본으로 입력되어 있습니다. 다수의 제목을 생성하는 경우에는 이름을 따로 지정해주는 것이 좋습니다.

04 [레거시 제목]은 크게 ① 도구(Tools), ② 스타일(Styles), ③ 작업(Actions), ④ 속성(Properties) 네 가지 패널과 ⑤ 미리보기 영역으로 구성되어 있습니다.

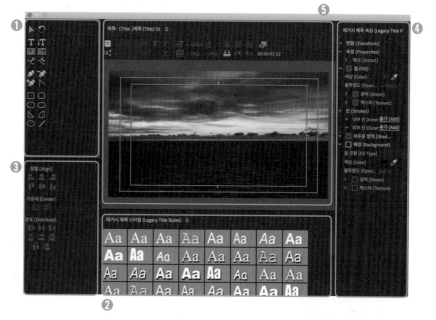

모든 패널이 보이지 않을 경우 제목명 오른쪽에 있는 메뉴 아이콘을 선택하고 도구, 스타일, 작업, 속성이 모두 활성화되어 있는지 확인합니다.

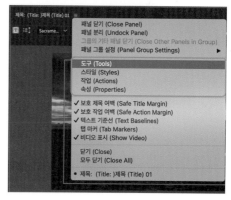

05 ❶ [도구]에서 텍스트 도구 T 를 선택한 후 ❺ [미리보기 영역]에서 자막 넣을 위치를 클릭하여 텍스트를 입력합니다.

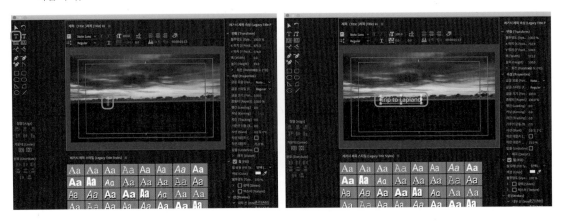

06 ❶ [도구]에서 선택 도구 ▶ 를 이용하여 자막을 선택한 후 ❺ [미리보기 영역] 상단에서 폰트 종류를 Sacramento로, 폰트 크기를 240으로 변경합니다. 변경한 텍스트를 [가운데 정렬(Center Alignment)]한 후 ❸ [작업]에서 [가운데(Center)]의 오른쪽 아이콘 田 을 눌러 가로 중앙 정렬을 맞춥니다.

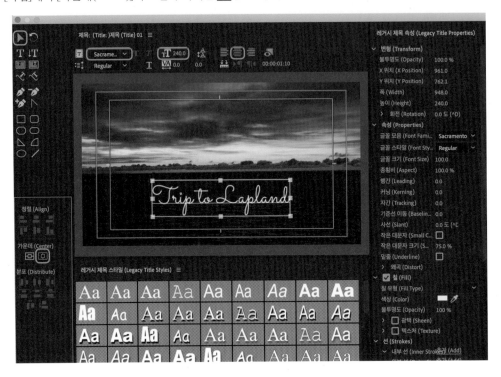

07 ❹ [속성] – [칠(Fill)] – [색상(Color)]에서 컬러 칩 ▢ 을 더블클릭합니다. [색상 피커(Color Picker)]에서 원하는 색상을 선택합니다.

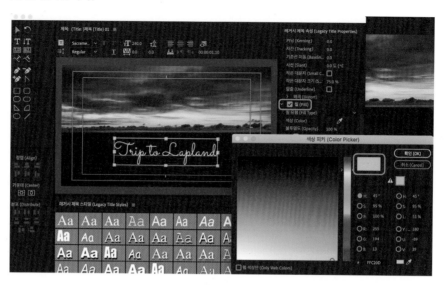

08 텍스트 편집을 완료한 후 [레거시 제목] 창을 닫습니다. 창을 닫으면 **프로젝트 패널**에 자막 클립이 생성된 것을 확인할 수 있습니다.

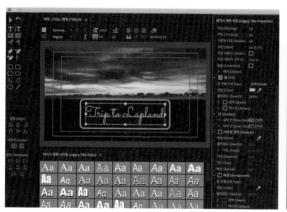
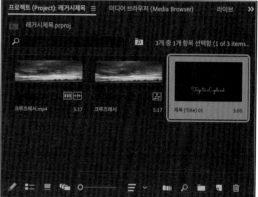

09 **프로젝트** 패널에 생성된 자막 클립을 **타임라인 패널**에 드래그 앤 드롭하여 편집 중인 영상에 자막을 삽입합니다. 자막 클립의 길이와 위치를 조절하여 영상을 완성합니다.

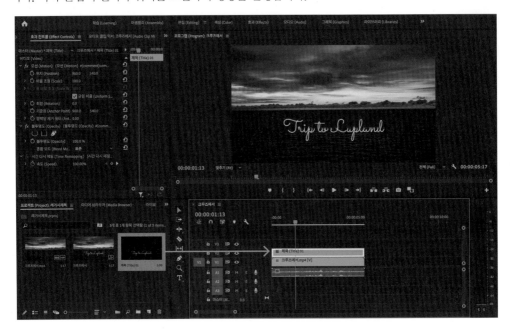

POINT

타이틀을 지켜주는 안전 영역

[레거시 제목] 창 가장자리에 있는 두 가지 선은 각각 보호 제목 여백(Safe Title Margin), 보호 작업 여백(Safe Action Margin)으로 자막을 보호하는 여백 선입니다. 같은 영상이어도 재생하는 기기에 따라 비율이 달라질 수 있습니다. 안전 영역 안에 자막을 삽입한다면 자막이 잘리는 일을 방지할 수 있습니다. 추출된 영상에는 안전 영역 선이 나오지 않기 때문에 걱정하지 않아도 됩니다. 메뉴에서 보호 제목 여백, 보호 작업 여백을 한 번씩 클릭하여 안전 영역을 비활성화할 수 있지만 예외 상황이 아니라면 안전 영역은 활성화한 상태에서 작업하는 것을 추천합니다.

03 레거시 제목 스타일 적용하기

스타일 영역에서 원하는 스타일을 선택해 자막에 적용하면 더 빠르고 쉽게 자막을 꾸밀 수 있습니다. 프리미어 프로에 기본적으로 설정되어 있은 스타일을 적용해 봅니다.

• 예제 파일 : 레거시제목 스타일.prproj • 완성 파일 : 레거시제목 스타일_완성.prproj

01 레거시제목 스타일.prproj 파일을 실행합니다. **타임라인 패널**에는 영상 클립과 미리 생성된 자막 클립이 있습니다.

02 **타임라인 패널**의 [Trip to Lapland] 자막 클립을 더블클릭하면 [레거시 제목(Legacy Title)] 창이 열립니다.

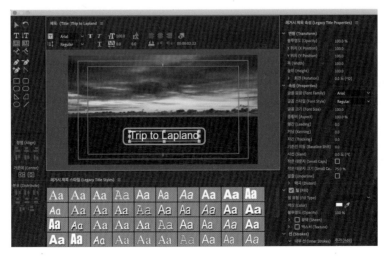

03 입력된 텍스트를 선택 도구로 선택한 후 ❷ [스타일] 영역의 레거시 제목 스타일(Legacy Title Styles) 중 하나의 스타일을 선택해 적용합니다. 여기에서는 72번째 스타일을 적용합니다.

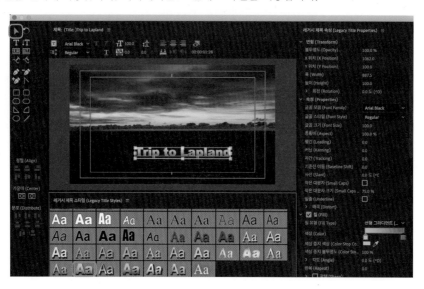

04 스타일을 적용한 후에도 폰트 종류, 크기, 색상이나 그림자 등 세부적인 사항을 변경하여 사용할 수 있습니다. 텍스트를 선택하고 ❹ [속성(Properties)]에서 텍스트의 속성을 변경합니다. 폰트 종류는 Modak, 폰트 크기는 240으로 조정합니다. ❸ [작업] – [가운데(Center)]의 두 아이콘을 한 번씩 눌러 텍스트를 정중앙으로 옮깁니다.

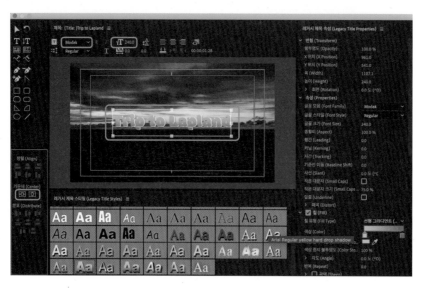

05 ❹ [속성(Properties)]에서 [사선(Slant)]을 15도로 맞춰 텍스트에 기울임 효과를 적용합니다.

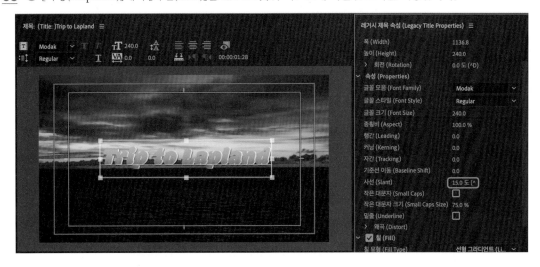

06 [칠(Fill)] – [색상(Color)]에서 양쪽 끝에 있는 컬러 칩 ▭을 더블클릭하면 [색상 피커(Color Picker)] 창이 열립니다. 첫 번째 컬러 칩의 색상을 #1FAEEF, 두 번째 컬러 칩의 색상을 #B7DCC9로 변경하면 새롭게 푸른 색의 그라디언트 효과로 바뀌는 것을 확인할 수 있습니다.

07 [선(Strokes)] - [외부 선(Outer Strokes)]의 [유형(Type)]을 [가장자리(Edge)]로, [칠 유형(Fill Type)]을 [단색 (Solid)]으로 변경합니다.

08 [레거시 제목] 창을 닫아 자막 편집을 마칩니다. **타임라인 패널**에서 자막 클립의 길이를 조정하여 영상을 완성합니다.

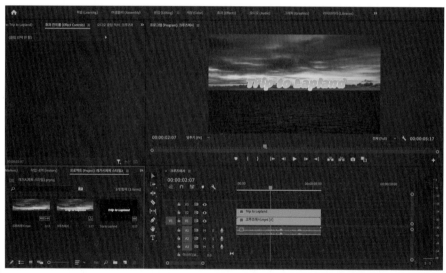

P O I N T

자막 프리셋 다운받기

예능 자막 스타일, 브이로그 자막 스타일 등 온라인에 있는 자막 파일을 다운받아 작업에 활용할 수 있습니다. ❷[스타일]의 메뉴에서 [스타일 라이브러리 추가(Append Style Library)]를 눌러 다운받은 prsl 파일을 추가합니다. 새로운 스타일을 다운받을 때 원작자가 제시한 폰트도 함께 다운받아야 제대로 된 스타일을 자막에 입힐 수 있습니다.

나만의 자막 스타일 만들고 저장하기

눈에 띄는 자막을 만들기 위해 레거시 제목의 속성을 적극 활용하여 자막을 만들어 봅니다. 마음에 드는 스타일로 자막을 만든 후에는 나만의 스타일을 저장하여 다음 편집에도 활용할 수 있습니다.

• 예제 파일 : 나만의 자막 스타일.prproj • 완성 파일 : 나만의 자막 스타일_완성.prproj

01 나만의 자막 스타일.prproj 파일을 실행합니다. 상단 로고 역할을 하는 자막 클립을 만들어 봅니다. [시그니처] 자막 클립을 더블클릭하면 [레거시 제목(Legacy Title)] 창이 열립니다.

02 텍스트를 두 줄로 만들고 폰트 종류를 나눔스퀘어 ExtraBold로 변경합니다. 그라디언트, 그림자 등 효과가 잘 드러나도록 두꺼운 폰트를 사용하는 것이 좋습니다.

03 입력한 텍스트를 선택하고 ❹ [속성(Properties)] 영역에서 [칠(Fill)] – [칠 유형(Fill Type)]의 옵션을 [단색 (Solid)]에서 [4색 그라디언트(4 Color Gradient)]로 변경합니다.

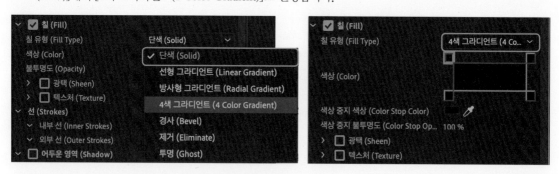

04 각 꼭짓점에 있는 컬러 칩을 더블클릭해 [색상 피커(Color Picker)] 창을 열고 원하는 색상을 선택합니다. 이 번에는 #BE7AB1(왼쪽 상단), #11CDFB(왼쪽 하단), #ED74E8(오른쪽 상단), #BD3FB5(오른쪽 하단)을 활 용합니다.

05 [선(Strokes)] - [외부 선(Outer Strokes)]에서 [추가(Add)]를 눌러 외곽선을 추가합니다. 외부 선의 [유형 (Type)]을 [가장자리(Edge)]로 설정하고 [크기(Size)]를 조절합니다.

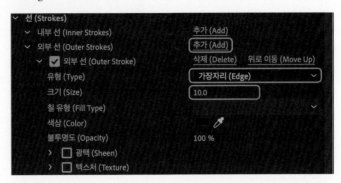

06 [색상(Color)]의 컬러 칩을 눌러 [색상 피커] 창을 열고 색상을 #2C33D0로 변경합니다.

07 [어두운 영역(Shadow)]의 체크 박스를 눌러 활성화하고 [색상(Color)], [불투명도(Opacity)], [각도(Angle)], [거리(Distance)]를 조절합니다.

08 원하는 스타일의 자막이 완성되면 [레거시 제목 스타일(Legacy Title Styles)]의 메뉴를 눌러 [새 스타일(New Style)]을 선택합니다.

09 [이름(Name)]을 입력하고 [확인(OK)]을 누릅니다.

10 [레거시 제목 스타일]에 나만의 스타일이 저장된 것을 확인합니다.

Adobe Premiere Pro

PART
03

퀄리티 향상을 위한
프리미어 프로 응용 기능

Chapter

01

색 보정하기

기본적인 컷 편집을 마친 후 Lumetri 색상 패널을 이용해 색상을 보정하는 단계입니다. 색감을 조절하는 것뿐만 아니라 영상의 밝기와 노출 정도를 보정하는 것도 색 보정에 포함됩니다. 간단한 색상 값 조정만으로 원본과 다른 분위기를 연출해 영상의 개성을 살릴 수 있습니다.

01 기본 교정

기본 교정에서는 온도, 색조, 톤의 값을 조절합니다. 다양한 기능을 통해 영상의 밝기를 섬세하게 조절하며 촬영의 아쉬운 점을 보완할 수 있습니다.

• 예제 파일 : 기본 교정.prproj   • 완성 파일 : 기본 교정_완성.prproj

01 기본 교정.prproj 파일을 실행합니다. 상단의 작업 영역 모드를 [색상(Color)]으로 변경합니다.

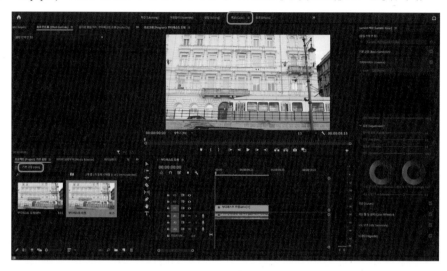

02 타임라인 패널에서 [부다페스트 트램] 클립을 선택하여 오른쪽 [Lumetri 색상(Lumetri Color)]을 활성화합니다.

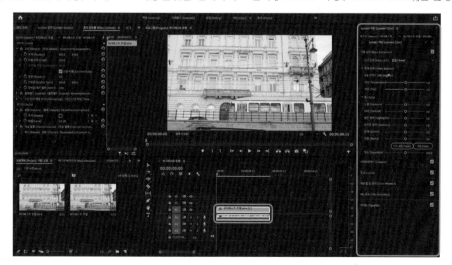

03 [Lumetri 색상]에서 [기본 교정(Basic Correction)]을 선택합니다. [LUT 입력(Input LUT)]은 색 보정 프리셋 LUT 적용하고 관리하기(p.167)를 참고합니다. [흰색 균형(White Balance)]에는 ❶ WB 선택기(WB Selector), ❷ 온도(Temperature), ❸ 색조(Tint)가 있습니다.

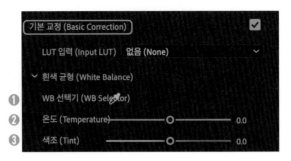

❶ [WB 선택기]는 화이트 밸런스를 조정할 때 사용합니다. 스포이드 🖋 아이콘을 클릭한 후 화면에서 흰색이 많이 들어간 영역을 선택하면 자동으로 화이트 밸런스가 조정됩니다.

P O I N T

효과 패널에서 [Lumetri 색상] 실행하기

효과 패널에서 'Lumetri 색상(Lumetri Color)'을 검색하고, 편집하고자 하는 클립에 드래그 앤 드롭합니다. 효과 컨트롤 패널에 [Lumetri 색상]이 추가된 것을 확인합니다.

❷ [온도]는 영상의 따뜻함과 차가움 정도를 조절합니다. 영상에 차가운 느낌을 주고 싶을 때는 슬라이더를 왼쪽으로, 포근하고 따스한 느낌을 주고 싶을 때는 슬라이더를 오른쪽으로 움직입니다. −36으로 조정하여 차가운 느낌을 적용합니다.

❸ [색조]는 영상에서 초록색과 보라색을 조절합니다. 영상 전체적으로 초록빛을 주고 싶다면 슬라이더를 왼쪽으로, 전체적으로 분홍빛과 보랏빛의 신비한 느낌을 주고 싶다면 슬라이더를 오른쪽으로 움직입니다. 온도와 색조를 조절하면 색감이 드라마틱하게 변하므로 적당한 양을 조절하는 것이 중요합니다. 30으로 조절하여 보랏빛을 적용합니다.

04 [톤(Tone)]에서는 다양한 밝기 값을 조절하여 영상의 톤을 균형있게 맞출 수 있습니다. [톤]에는 ❶ 노출(Exposure), ❷ 대비(Contrast), ❸ 밝은 영역 (Hightlights), ❹ 어두운 영역(Shadows), ❺ 흰색 (Whites), ❻ 검정(Blacks), ❼ 채도(Saturation)가 있습니다. 각 값의 특징을 정확하게 파악하기 위해 앞에서 설정한 [온도]와 [색조]를 0으로 조절합니다.

❶ [노출]은 영상의 전체적인 밝기와 빛의 양을 조절합니다. 노출값을 높이면 영상이 밝아지고, 노출값을 낮추면 영상이 어두워집니다. 0.8로 조절하여 영상의 밝기를 높입니다.

❷ [대비]는 영상의 명암을 조절합니다. 대비를 높이면 인상이 진하고 뚜렷해지며, 대비를 낮추면 뿌옇고 흐릿해집니다. 30으로 조절하여 영상을 선명하게 만듭니다.

❸ [밝은 영역]은 영상에서 밝은 영역만의 밝기를 조절합니다. 값을 올리면 밝은 부분은 더 밝게, 값을 내리면 밝은 부분이 어둡게 됩니다. −40으로 조절하여 과다한 노출로 날아간 피사체를 살려냅니다.

❹ [어두운 영역]은 영상에서 어두운 영역만의 밝기를 조절합니다. 값을 올리면 어두운 부분은 밝게, 값을 내리면 어두운 부분은 더 어둡게 변합니다. 특히 야경 등의 영상에서 너무 어두운 부분을 살려낼 수 있습니다. 30으로 조절하여 어두운 부분을 밝힙니다.

POINT

숫자로 슬라이더 값 조절하기

슬라이더 오른쪽의 파란색 숫자를 클릭하면 직접 범위 내의 값을 입력하여 조절할 수 있습니다.

❺ [흰색]은 영상에서 하얀 영역의 밝기를 조절합니다. 밝은 영역과 유사한 기능을 갖고 있으나 밝기와 함께 대비도 강해지기 때문에 유의해야 합니다. 10으로 조절합니다.

❻ [검정]은 영상에서 검정 영역의 밝기를 조절합니다. 마찬가지로 어두운 영역과 유사한 기능을 갖고 있으나 대비가 함께 강해집니다. −3으로 조절합니다.

❼ [채도]는 색의 선명함을 높여줍니다. 일반적으로 칙칙한 색감을 조절할 때 많이 사용합니다. 값이 높을수록 색이 짙어지며, 낮을수록 흑백에 가까워집니다. 색감과 관련한 내용은 기본 교정보다는 크리에이티브에서 세부적으로 조정하는 것이 좋으므로 이 단계에서는 110으로만 조절합니다.

05 최종 결과물을 확인합니다. [기본 교정] 옆의 체크 박스를 해제하면 영상의 전후를 확인할 수 있습니다.

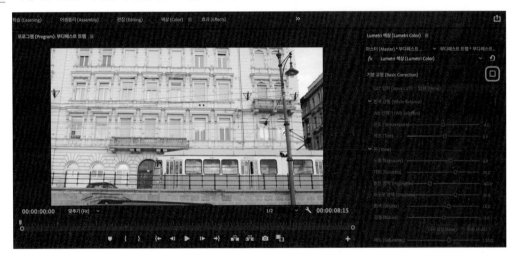

완성 영상

02 크리에이티브

크리에이티브 패널에서는 색을 조정하여 영상의 전반적인 분위기를 만들어 봅니다. 프로그램에서 기본으로 제공하는 필터 역할의 Look을 이용하면 좀 더 쉽게 색상 보정 효과를 얻을 수 있습니다.

• 예제 파일 : 크리에이티브.prproj　　• 완성 파일 : 크리에이티브_완성.prproj

01 크리에이티브.prproj 파일을 실행합니다. 상단의 작업 영역 모드를 [색상(Color)]으로 변경합니다.

02 **타임라인 패널**에서 [베네치아 카레초니코] 클립을 선택하여 [Lumetri 색상(Lumetri Color)]을 활성화합니다. 이후 [크리에이티브(Creative)]를 선택합니다.

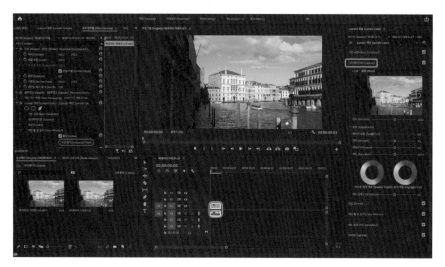

03 [크리에이티브] 하단의 [Look] 목록에서 'Kodak 521B Kodak 2383 (by Adobe)'를 선택합니다.

POINT

미리보기로 Look 비교한 후 적용하기

Look은 [Look] 목록에서 선택할 수도 있고, 미리보기 화면에서 좌
우 버튼을 눌러 선택할 수도 있습니다. Look을 비교해본 후 원하는
Look을 찾으면 미리보기 화면을 한 번 더 클릭해 적용합니다.

04 슬라이더로 적용된 Look의 강도를 조절할 수 있습니다. 필터의 정도를 낮추기 위해 [강도(Intensity)]를 60으
로 변경합니다.

05 [조정(Adjustments)]에는 ❶ 빛바랜 필름(Faded Film), ❷ 선명
(Sharpen), ❸ 생동감(Vibrance), ❹ 채도(Saturation), ❺ 색상
휠이 있습니다. 다양한 옵션을 통해 효과를 미세하게 조정할 수
있습니다.

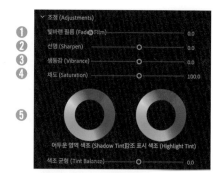

❶ [빛바랜 필름]을 이용하면 빈티지한 느낌을 입힐 수 있습니다. 높은 숫자일수록 밝은 영역과 어두운 영역의 대비
가 약해집니다. 50으로 조절합니다.

❷ [선명]은 선명도를 조절해 영상을 흐리게 또는 선명하게 조절할 수 있습니다. 선명도를 높이면 잔선들이 뚜렷해
지는 효과를 확인할 수 있습니다. 20으로 조절합니다.

❸ [생동감]은 채도가 낮은 영역을 부분적으로 높여줍니다. 인물의 피부 톤은 유지하면서 나머지 부분은 채도를 올려줄 수 있기 때문에, 특히 인물이 포함된 클립에서 유용하게 쓰입니다. 30으로 조절합니다.

❹ [채도]는 모든 영역의 채도를 높일 때 사용합니다. 인물이 포함된 경우 과하지 않도록 적절한 범위 내에서 조정하는 것이 중요합니다. 120으로 조절합니다.

❺ [색상 휠]은 어두운 영역 색조와 강조 표시 색조를 조절합니다. [어두운 영역 색조(Shadow Tint)] 휠에서 중심점을 이동시켜 어두운 영역에 원하는 색조를 입히거나, [강조 표시 색조(Highlight Tint)] 휠에서 중심점을 이동시켜 밝은 영역에 원하는 색조를 입힐 수 있습니다. 휠을 조절하여 어두운 영역에는 주황색 빛을, 전체적으로는 파란색 빛을 추가합니다. 주황색과 파란색 사이의 색감을 맞추고 싶을 때는 아래의 [색조 균형(Tint Balance)] 슬라이더로 전체 색상 균형을 조절합니다.

06 최종 결과물을 확인합니다. [크리에이티브] 옆의 체크 박스를 해제하면 영상의 전후를 확인할 수 있습니다.

전체 영상 한번에 색상 보정하기

개별 클립의 색상을 하나씩 보정하는 방법도 있지만 [조정 레이어]를 활용한다면 여러 클립의 색상을 한 번에 보정할 수 있습니다. [조정 레이어]를 이용한 색 보정은 원본 영상을 각각 수정하는 대신 여러 개의 원본 영상 클립 위에 투명 레이어를 얹어 색상을 보정하는 방식입니다.

• 예제 파일 : 전체 보정.prproj   • 완성 파일 : 전체 보정_완성.prproj

01 전체 보정.prproj 파일을 실행합니다.

02 **프로젝트 패널** 하단에서 [새 항목(New Item)] – [조정 레이어(Adjustment Layer)]를 클릭하여 새로운 조정 레이어를 생성합니다.

03 [조정 레이어] 옵션은 시퀀스에 맞춰 자동으로 설정됩니다. [확인(OK)]을 누릅니다.

04 **프로젝트 패널**에 새로운 [조정 레이어] 클립이 생성되었습니다.

05 [조정 레이어] 클립을 드래그 앤 드롭하여 **타임라인 패널**의 V2 트랙에 넣습니다. 색상 보정을 적용할 클립이 V1 트랙에 있기 때문에, V1 트랙 위의 V2 트랙에 조정 레이어를 넣어야 정상적으로 반영됩니다.

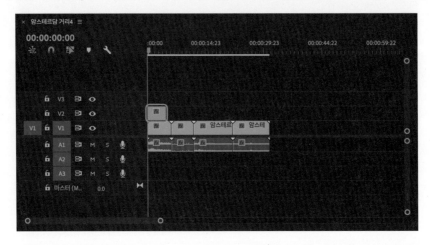

06 **타임라인 패널**에서 보정할 클립의 길이만큼 [조정 레이어] 클립 길이를 조절합니다.

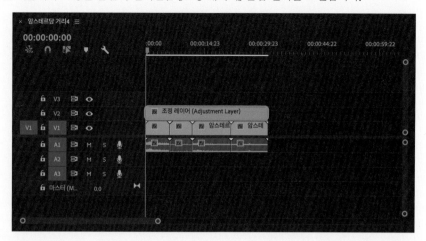

07 상단의 작업 영역 모드를 [색상(Color)]으로 변경한 후 [조정 레이어] 클립을 선택하여 [Lumetri 색상 (Lumetri Color)]을 활성화합니다.

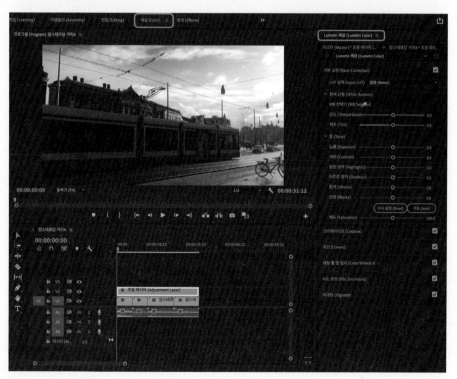

08 앞서 배웠던 [Lumetri 색상]을 활용해 자유롭게 색감을 조정하고, 전체 영상에 적용된 결과물을 확인합니다.

09 타임라인 패널에서 조정 레이어가 있는 V2 트랙의 눈을 끄고 키면서 전후를 비교해볼 수 있습니다.

POINT

여러 개의 조정 레이어 사용하기

조정 레이어는 일반 영상 클립과 같은 특징을 갖습니다. 따라서 영상 클립처럼 컷 편집이 가능하며 트랙 위에 겹쳐서 사용할 수도 있습니다.

03 곡선

곡선은 그래프를 통해 영상의 밝기와 대비, 색감을 조절하는 방식입니다. RGB 곡선과 색조 채도 곡선으로 자연스러운 색
보정 효과가 나타날 때까지 자유롭게 색상을 조정해볼 수 있습니다.

· 예제 파일 : 곡선.prproj   · 완성 파일 : 곡선_완성.prproj

__01__ 곡선.prproj 파일을 실행합니다. 상단의 작업 영역 모드를 [색상(Color)]으로 변경합니다.

__02__ 타임라인 패널에서 [인스부르크 풍경] 클립을 선택하여 [Lumetri 색상(Lumetri Color)]을 활성화합니다. [곡
선(Curves)]을 선택합니다.

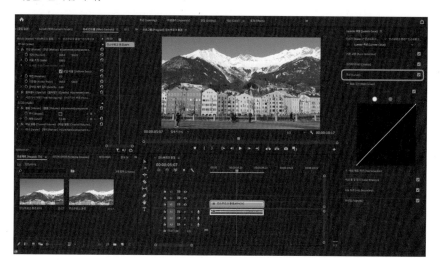

03 [RGB 곡선(RGB Curves)]을 선택합니다. [RGB 곡선]에는 네 가지의 색상 원이 있습니다. ❶ 흰색(W) 그래 프는 모든 값을 조정하는 마스터 곡선입니다. ❷ 빨간색(R), 녹색(G), 파란색(B) 원을 선택하면 각 색상별 값 을 그래프로 미세하게 조정할 수 있습니다.

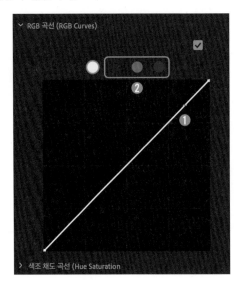

❶ 흰색 원을 선택한 후 마스터 곡선 그래프를 클릭하여 조절점을 생성합니다. 조절점은 복수로 생성 가능하며, 여 러 개의 조절점을 통해 다양하게 값을 조절할 수 있습니다. 마스터 곡선 그래프에서는 조절점이 위로 갈수록 밝 아지고 아래로 갈수록 어두워집니다. 또한, 조절점이 왼쪽으로 갈수록 대비가 낮아지며, 오른쪽으로 갈수록 대 비가 높아집니다. 조절점 두개로 곡선을 조절해 봅니다.

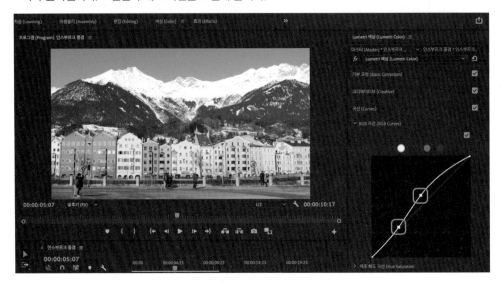

❷ 빨간색, 녹색, 파란색 원 중 한 가지를 선택하여 곡선 그래프에 조절점을 생성합니다. 이번 예제에서는 파란색 곡선을 활용해 보겠습니다. 빨간색, 녹색, 파란색 곡선 그래프에서는 조절점이 위로 갈수록 해당 색상이 진해지고 아래로 갈수록 보색이 진해집니다. 조절점 두개로 파란색 곡선을 조절해 봅니다.

P O I N T

단축키로 조절점 제거하기

Cmd/Ctrl를 누른 채 조절점을 클릭하면 조절점이 삭제됩니다. 그래프를 더블클릭하면 생성했던 모든 조절점이 삭제되며 초기화됩니다.

04 [색조 채도 곡선(Hue Saturation)]은 특정한 색상의 채도, 색, 밝기를 조정할 수 있습니다. [색조 채도 곡선]에는 ❶ 색조 및 채도(Hue vs Sat), ❷ 색조 및 색조(Hue vs Hue), ❸ 색조 및 루마(Hue vs Luma)], ❹ [루마 및 채도(Luma vs Sat)], ❺ [채도 및 채도(Sat vs Sat)]가 있습니다.

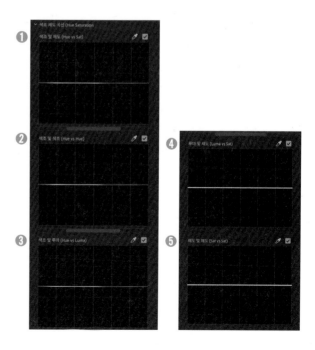

❶ [색조 및 채도]에서는 특정 색상의 채도를 변경합니다. 그래프에서 노란색 부분에 조절점을 생성하고 조절점을 아래로 내리면 노란색 부분을 기준으로 채도가 낮아집니다. 반면 파란색 부분에 조절점을 생성하고 그래프를 위로 올리면 파란색 부분 채도가 높아집니다.

❷ [색조 및 색조]에서는 특정 색상을 보색으로 변경합니다. 그래프에서 노란색 부분에 조절점을 생성하고 그래프를 위아래로 조절하면, 노란색을 기준으로 주변의 색이 보색으로 바뀝니다.

❸ [색조 및 루마]에서는 특정 색상의 루마를 변경합니다. 루마는 광도, 즉 색상 자체의 밝고 어두움을 의미합니다. 그래프에서 노란색 부분에 조절점을 생성하고 그래프를 위로 조절하면 노란색의 광도가 높아지며, 아래로 조절하면 노란색의 광도가 낮아집니다.

❹ [루마 및 채도]는 특정 밝기의 채도를 변경합니다. 조절점과 곡선으로 특정 영역의 채도를 조절합니다.

❺ [채도 및 채도]에서는 특정 채도의 채도를 조정합니다. 조절점과 곡선을 통해 그래프에서 채도가 진한 부분을 선별적으로 조절할 수 있습니다.

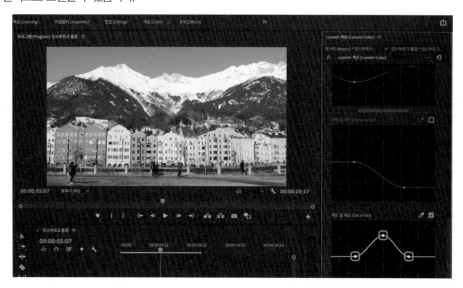

05 최종 결과물을 확인합니다. [곡선] 옆의 체크 박스를 해제하면 영상의 전후를 확인할 수 있습니다.

완성 영상

04 색상 휠 및 일치

색상 휠에서는 어두운 영역과 미드톤, 밝은 영역으로 나누어 각각의 톤을 보정할 수 있습니다. 더욱 미세하게 색을 보정하거나 서로 다른 클립의 색상을 일치시켜 영상이 전체적으로 자연스럽게 보이도록 조정할 수 있습니다.

• 예제 파일 : 색상 휠 및 일치.prproj • 완성 파일 : 색상 휠 및 일치_완성.prproj

01 색상 휠 및 일치.prproj 파일을 실행합니다. 상단의 작업 영역 모드를 [색상(Color)]으로 변경합니다.

02 **타임라인 패널**에서 [피사 강] 클립을 선택하여 [Lumetri 색상(Lumetri Color)]을 활성화합니다. [색상 휠 및 일치(Color Wheels & Match)]를 선택합니다.

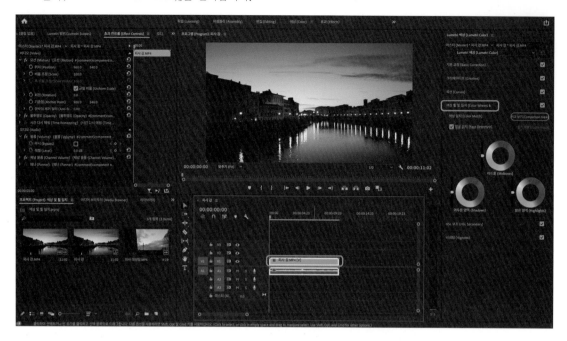

03 색상 휠은 [미드톤(Midtones)]과 [어두운 영역(Shadows)], [밝은 영역(Highlights)]으로 나뉘어 있습니다. 얼굴 감지 옵션의 체크 박스가 선택되어 있는지 확인하고, 영상에 얼굴이 미포함될 경우 선택을 해제합니다.

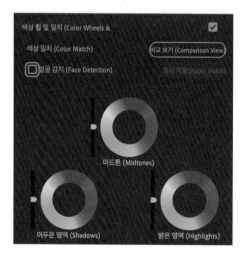

04 색상 휠에서 중심점을 이동하여 각 영역의 색을 조정합니다.

05 색상 휠 왼쪽에 있는 개별 슬라이더를 조정하면 밝기를 높이거나 줄일 수 있습니다.

06 [색상 일치(Color Match)]는 분할 영상을 편집할 때 또는 전체적인 색감을 맞출 때 유용합니다. 먼저 **프로젝트 패널**에서 [피사 대성당] 클립을 [피사 강] 클립 뒤로 드래그 앤 드롭합니다.

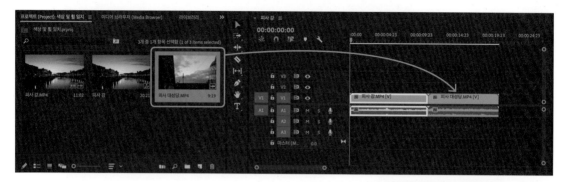

❶ [색상 일치]에 있는 [비교 보기(Comparision View)]를 클릭합니다.

❷ 재생 헤드를 [피사 대성당] 클립으로 이동하여 [피사 강]과 색감을 비교합니다.

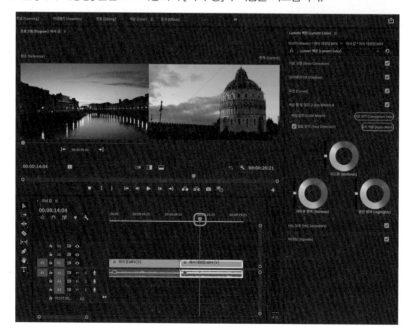

❸ [색상 일치]에서 [일치 적용(Apply Match)]을 클릭합니다. 두 영상의 색감이 비슷하게 자동으로 조절됩니다.

07 재생을 눌러 색감이 비슷해진 최종 결과물을 확인합니다.

완성 영상

05 HSL 보조 컨트롤

HSL 보조 컨트롤은 클립에서 특정 색상에 대해서만 색을 보정하고 다른 색상으로 변경할 때 활용할 수 있습니다. 여기서 H는 Hue(색상), S는 Saturation(채도), L은 Luma(광도)를 의미합니다.

• 예제 파일 : HSL 보조 컨트롤.prproj　　• 완성 파일 : HSL 보조 컨트롤_완성.prproj

01 HSL 보조 컨트롤.prproj 파일을 실행합니다. 상단의 작업 영역 모드를 [색상(Color)]으로 변경합니다.

02 타임라인 패널에서 [암스테르담 중앙역] 클립을 선택하여 [Lumetri 색상(Lumetri Color)]을 활성화합니다. [HSL 보조(HSL Secondary)]을 선택합니다.

03 [HSL 보조]를 펼치면 [키(Key)] – [색상 설정(Set color)] 옆에 스포이드  아이콘이 있습니다. 스포이드 아이콘을 선택한 후 중앙역 건물의 주황색 부분을 선택합니다. 스포이드로 직접 선택하지 않고, 스포이드 아래의 7가지 대표 색상 중 선택할 수도 있습니다.

04 정확하게 특정 색상만 교정하기 위해 [컬러/회색]이라고 적힌 옵션의 왼쪽 체크 박스를 선택합니다. 스포이드로 선택한 주황색 부분만 강조되어 표시됩니다.

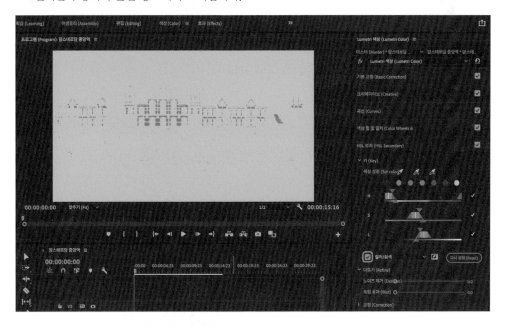

05 [컬러/회색] 옵션을 [컬러/검정] 또는 [컬러/흰색]으로 변경 할 수 있습니다. [컬러/검정]으로 변경하면 스포이드로 찍은 주황색 외의 배경이 검정색으로 나타납니다.

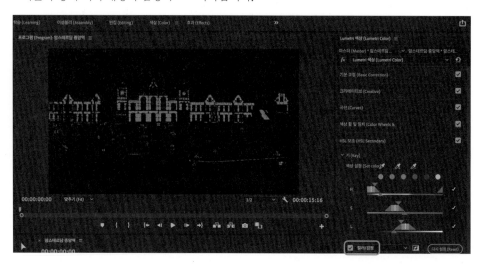

06 [다듬기(Refine)]에서는 선택한 영역의 노이즈 제거 정도를 조절하고 흐림 효과로 해당 영역을 부드럽게 처리할 수 있습니다. [교정(Correction)]에서는 HSL 휠을 조절하여 선택한 영역의 색을 다른 색으로 바꿀 수 있습니다. 값을 조절하여 주황색 계열의 색상을 분홍색 계열의 색상으로 변경합니다.

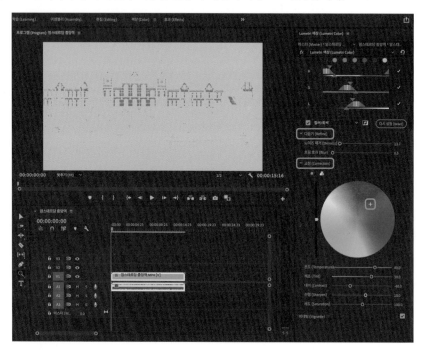

07 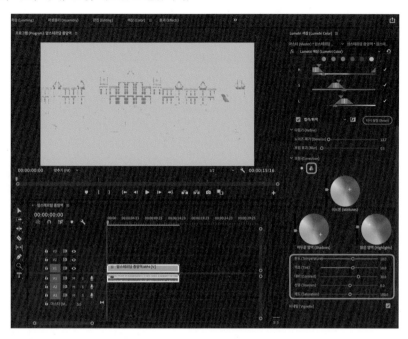 아이콘을 클릭하면 하나의 HSL 슬라이더가 아니라 [미드톤(Midtones)], [어두운 영역(Shadows)], [밝은 영역(Highlights)]으로 나누어 슬라이더를 조절할 수도 있습니다. 더 세부적으로 색상을 보정하기 위해 휠 아래의 온도, 색조, 대비, 선명, 채도를 조절합니다.

08 [컬러/회색]의 체크 박스를 해지하여 최종 결과물을 확인합니다. 주황색이었던 건물이 분홍색 건물로 변하였습니다.

완성 영상

06 비네트

비네트는 화면의 가장자리를 어둡게 조절하여 중심이 되는 풍경이나 인물을 강조할 수 있는 효과입니다.

• 예제 파일 : 비네트.prproj   • 완성 파일 : 비네트_완성.prproj

01 비네트.prproj 파일을 실행합니다. 상단의 작업 영역 모드를 [색상(Color)]으로 변경합니다.

02 **타임라인 패널**에서 [스트라스부르 강] 클립을 선택하여 [Lumetri 색상(Lumetri Color)]을 활성화합니다. [비네팅(Vignette)]을 선택합니다.

03 [비네팅]에는 **①** 양(Amount), **②** 중간점(Midpoint), **③** 원형률(Roundness), **④** 페더(Feather)가 있습니다. 적당히 자유롭게 값을 조정하면 되지만, 먼저 개념을 이해하고 넘어가보겠습니다.

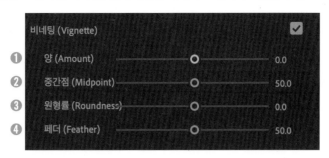

① [양]은 가장자리를 밝게 또는 어둡게 조정합니다.

② [중간점]은 비네팅 효과를 주는 영역의 크기에 영향을 미칩니다. 중앙을 기준으로 [중간점]의 값이 작아지면 비네트 영역이 커지고, 값이 커지면 비네트 영역이 작아집니다.

❸ [원형률]은 비네팅 효과의 둥근 정도를 조절합니다.

❹ [페더]는 비네팅 효과가 적용된 가장자리를 선명하게 또는 부드럽게 만듭니다.

04 적당한 값으로 변경하여 자연스러운 비네팅 효과를 적용합니다.

05 최종 결과물을 확인합니다. [비네팅] 옆의 체크 박스를 해제하면 영상의 전후를 확인할 수 있습니다.

나만의 색 보정 프리셋 만들고 저장하기

매번 색 보정하는 번거로움을 줄이기 위해 직접 프리셋을 만들고 저장할 수 있습니다. 저장한 프리셋은 언제든지 다시 불러와 사용 가능합니다.

• 예제 파일 : 색 보정 프리셋.prproj • 완성 파일 : 색 보정 프리셋_완성.prproj

01 색 보정 프리셋.prproj 파일을 실행합니다.

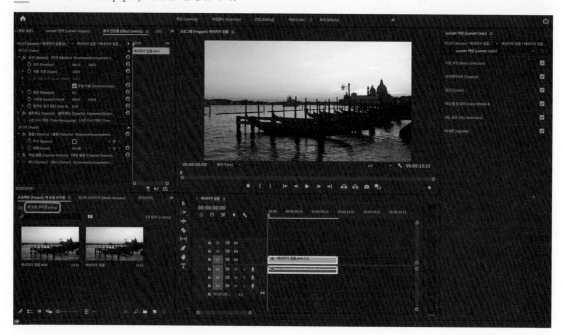

02 [조정 레이어(Adjustment Layer)] 클립을 만들어 **타임라인 패널**의 V2 트랙에 드래그 앤 드롭합니다. [조정 레이어] 클립을 선택하고 [Lumetri 색상(Lumetri Color)]을 활성화합니다.

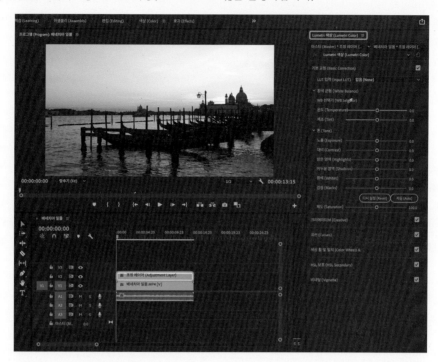

03 [기본 교정(Basic Correction)]에서 온도, 노출, 대비 등 다양한 옵션을 조절하여 색 보정을 진행합니다.

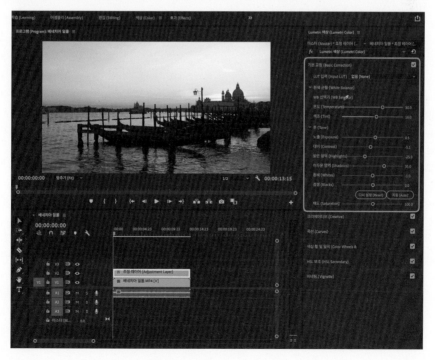

04 [Lumetri 색상(Lumetri Color)] 오른쪽의 메뉴를 클릭한 후 [.cube 내보내기(Export Cube)]를 선택합니다.

05 원하는 위치로 경로를 설정하고 파일명을 적은 후 [저장]을 클릭합니다. 만약 프리셋을 여러 개 만들 경우 되도록 한 폴더 안에 포함하는 것이 좋습니다.

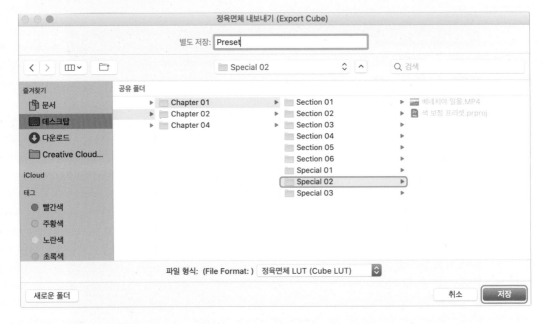

직접 다운받은 색 보정 프리셋 LUT 적용하고 관리하기

색 보정에 어려움을 느낀다면 LUT 파일을 적용하여 쉽게 색 보정에 도전해볼 수 있습니다. 프리미어 프로에서 제공하는 LUT 외에도 온라인에서 LUT 파일을 구매하거나 무료 LUT 파일을 검색하여 다운받아 사용 가능합니다.

• 예제 파일 : 프리셋 적용.prproj   • 완성 파일 : 프리셋 적용_완성.prproj

01 프리셋 적용.prproj 파일을 실행합니다. [베네치아 선착장] 클립을 선택하여 [Lumetri 색상(Lumetri Color)]을 활성화합니다.

02 [기본 교정(Basic Correction)]의 [LUT 입력(Input LUT)]의 목록에서 [찾아보기(Browse)]를 선택합니다.

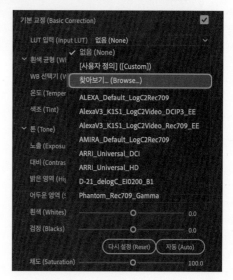

03 LUT 파일의 경로를 찾아 .cube로 끝나는 파일을 선택해 [열기]를 누릅니다.

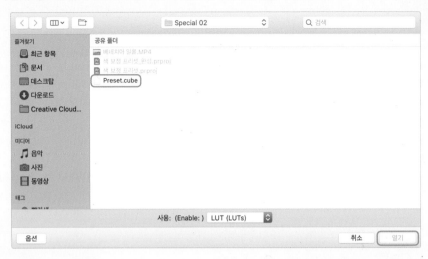

04 LUT 파일이 적용되어 프리셋에 저장된 옵션으로 색감이 보정됩니다. 추가로 색 보정이 필요하다면 [기본 교정]에 있는 세부 옵션을 조정합니다.

다운받은 LUT 한번에 추가하기

매번 파일을 불러오는 번거로움을 줄이기 위해 다운받은 LUT 파일을 목록에 삽입할 수 있습니다. 다음과 같은 경로로 다운받은 LUT 파일을 한번에 추가합니다.

- **Mac** : Finder – 응용 프로그램 – Adobe Premiere Pro 마우스 오른쪽 버튼 클릭 – 패키지 내용 보기 – Contents – Lumetri – LUTs – Technical
- **Window** : Program Files – Adobe – Premiere Pro cc – Lumetri – LUTs – Technical

Chapter

02

비디오 효과 활용하기

프리미어 프로에는 영상에 적용할 수 있는 비디오 효과가 있습니다. 흔들림 보정, 블러, 모자이크 등 다양한 효과를 활용하면 촬영 때 미처 고려하지 못했던 부분을 보완하는 동시에 영상의 퀄리티를 높일 수 있습니다.

01 흔들림 보정

촬영 시 짐벌과 같은 장비를 사용하면 흔들림을 방지할 수 있지만 비디오 효과를 이용해 흔들리는 영상을 보정할 수도 있습니다. 흔들림 보정 효과를 극대화하기 위해서는 영상에 건물, 풍경 등 명확하게 분석할 대상이 포함되어야 합니다.

• 예제 파일 : 흔들림 보정.prproj　　　• 완성 파일 : 흔들림 보정_완성.prproj

01 흔들림 보정.prproj 파일을 실행합니다. **타임라인 패널**의 영상을 재생해 보면 손떨림을 느낄 수 있습니다. [베네치아 운하] 클립을 선택하고 상단의 작업 영역 모드를 [효과(Effects)]로 변경합니다.

02 오른쪽에 활성화된 **효과 패널**에서 [비디오 효과(Video Effects)] – [왜곡(Distort)] – [비틀기 안정기(Warp Stabilizer)]를 선택합니다. **타임라인 패널**의 [베네치아 운하] 클립으로 드래그 앤 드롭합니다.

03 **효과 컨트롤 패널**에 [비틀기 안정기]가 추가됩니다. **프로그램 모니터 패널**에는 '백그라운드에서 분석 중'이라는 표시가 뜹니다. 조금 기다리면 비틀기 안정기 효과가 적용됩니다. 영상의 용량이 크고 프레임수가 많을수록 시간이 오래 걸립니다.

04 **효과 컨트롤 패널**에서 [비틀기 안정기]의 세부 옵션을 조정할 수 있습니다. 기본값으로도 기본적인 보정이 가능하지만, 주로 수정해야 할 부분은 [매끄러움(Smoothness)]입니다. 매끄러움 이외의 옵션은 조절하지 않아도 무방하지만 하나씩 개념을 이해하고 넘어가겠습니다.

❶ [결과(Result)]는 기존 영상에서 잘리는 부분 없이 수정하고 싶을 때 사용합니다. 일반적으로는 [매끄러운 동작]으로 설정하면 됩니다.

❷ [매끄러움(Smoothness)]은 흔들림 보정의 정도를 설정할 수 있습니다. 낮은 숫자일수록 보정의 정도가 약해지며, 높은 숫자일수록 보정의 정도가 강해집니다. 일반적인 영상의 경우 10% 정도만 적용해도 흔들림이 충분히 보정됩니다. 값이 높을수록 매끄러워지지만, 너무 높을 경우 오히려 영상이 어색해질 수 있기 때문에 적용된 결과를 확인하며 값을 조절합니다.

❸ [방법(Method)]은 안정화의 방법을 의미합니다. 위치만 조정하거나 위치와 크기를 함께 조정할 수 있습니다. 일반적으로는 모든 요소를 고려하는 [하위 공간 비틀기]를 사용합니다.

❹ [프레임(Framing)]은 흔들림 보정 후 생긴 불필요한 테두리를 자르는 기능입니다. 흔들림 보정은 하나의 축을 설정하고, 이를 기준으로 영상의 흔들림을 보정하는 원리입니다.

05 매끄러움 값을 조정한 후 영상을 클립에 [비틀기 안정기]를 확인합니다. 흔들리던 영상이 부드럽게 변한 것을 확인할 수 있습니다. 클립에 새로운 효과를 적용할 때마다 [비틀기 안정기]의 안정화 과정을 거치므로 모든 컷 편집과 효과 적용이 끝나고 마지막 단계에 진행하는 것이 좋습니다.

P O I N T

[비틀기 안정기]가 적용되지 않는 경우

종종 [비틀기 안정기]를 사용할 수 없다는 문구가 뜨는 경우가 있습니다. 이때, 클립을 마우스 오른쪽 버튼으로 클릭하고 [중첩(Nest)]를 선택하여 중첩 시퀀스를 생성합니다. 이후 [비틀기 안정기]를 적용하면 성공적으로 흔들림이 보정됩니다.

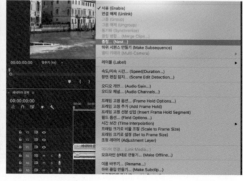

02 블러

영상 편집을 할 때 일부분을 흐릿하게 표현해야 하는 경우가 생깁니다. 특히 편집 시 얼굴이나 상표가 드러나지 않았는지 확인해야 합니다. 기본적인 블러 기능과 특정 물체를 트래킹하여 블러 처리하는 방법을 알아보겠습니다.

• 예제 파일 : 블러.prproj　　　　　• 완성 파일 : 블러_완성.prproj

01 블러.prproj 파일을 실행합니다. **효과 패널**에서 [비디오 효과(Video Effects)] – [흐림/선명(Blur & Sharpen)] – [가우시안 흐림(Gaussian Blur)]를 선택하여 [베네치아 카니발] 클립으로 드래그 앤 드롭합니다.

02 **효과 컨트롤 패널**에 [가우시안 흐림]이 추가됩니다. [가우시안 흐림]의 옵션은 [흐림(Blurriness)], [흐림 차원 (Blur Dimensions)], [가장자리 픽셀 반복(Repeat Edge Pixels)]이 있습니다.

❶ [흐림]의 값을 높일수록 영상이 흐려집니다. 20으로 변경합니다. ❷ [흐림 차원]은 흐릿해지는 방향을 의미합니다. [가로 및 세로]를 선택하면 전체적으로 영상이 흐려지며, [가로] 혹은 [세로]를 선택하면 해당 방향으로 강조하여 흐려집니다. 가장 기본인 [가로 및 세로]로 적용합니다.

❸ [가장자리 픽셀 반복]을 체크하면 흐림 효과로 인해 테두리에 생긴 검은색이 없어지면서 전반적으로 흐림 효과가 적용됩니다. 자연스러운 효과를 위해 체크 박스를 선택합니다.

03 특정 물체를 따라다니는 블러 효과를 적용하기 위해 트래킹 기능을 사용할 수 있습니다. 얼굴이나 사물을 인식하여 간단하게 트래킹하는 기능으로, 인물이나 사물의 모양이 정확히 나와야 트래킹이 가능합니다. 먼저 [베네치아 카니발] 클립의 앞부분으로 재생 헤드를 옮깁니다.

04 [가우시안 흐림] 아래에 있는 [자유로운 그리기 베지어(Free draw bezier)] ✏ 아이콘을 클릭합니다.

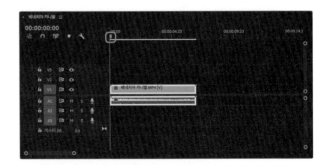

05 [자유로운 그리기 베지어]로 블러 효과를 적용할 마스크를 생성합니다. 마스크는 선택한 부분에만 흐림 효과가 적용되도록 하는 기능입니다. [자유로운 그리기 베지어]로 **프로젝트 모니터 패널**에 점 하나를 찍고, 점을 이어서 원하는 사물의 모양을 그려나갑니다.

06 그리기를 마치면 배 모양으로 새로운 마스크가 생성됩니다.

07 마스크 모양대로 블러 효과가 따라다니도록 하겠습니다. [마스크(Mask)] – [마스크 패스(Mask Path)]의 재생버튼을 클릭하여 [선택한 마스크 앞으로 추적(Track selected mask forward)]을 실행합니다.

08 [추적(Tracking)]이 실행되면서 해당 기능이 적용됩니다.

09 영상을 재생하여 결과를 확인합니다. 사물을 따라다니는 블러 효과가 완성되었습니다.

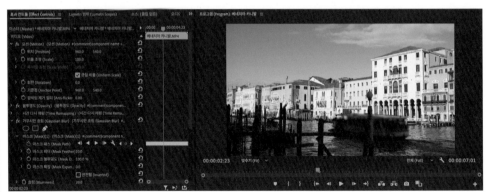

P O I N T

[마스크]의 설정

마스크에서는 세 가지 설정을 조절할 수 있습니다.

- **마스크 페더(Mask Feather)** : 마스크의 가장자리를 흐릿하게 만들어주는 기능으로 숫자가 커질수록 테두리가 흐릿해집니다.
- **마스크 불투명도(Mask Opacity)** : 마스크의 투명도를 조절하는 기능입니다.
- **마스크 확장(Mask Expansion)** : 선택한 영역을 확장하여 마스크 기능을 적용할 수 있습니다. 숫자가 커질수록 확장 영역이 커집니다. [반전됨(Inverted)]을 체크하여 선택한 마스크 이외의 영역에 효과를 적용할 수 있습니다.

03 모자이크

모자이크 효과는 블러 효과와 유사합니다. 모자이크 스타일을 달리 적용해 보고 블러 효과와 마찬가지로 물체를 트래킹하여 모자이크로 처리합니다.

• 예제 파일 : 모자이크.prproj   • 완성 파일 : 모자이크_완성.prproj

01 모자이크.prproj 파일을 실행합니다. **효과 패널**에서 [비디오 효과(Video Effects)] − [스타일화(Stylize)] − [모자이크(Mosaic)]를 선택하여 [베네치아 바포레토] 클립으로 드래그 앤 드롭합니다.

02 **효과 컨트롤 패널**에 [모자이크(Mosaic)]가 추가되는 동시에 **프로그램 모니터 패널**에서 모자이크 효과가 적용된 결과를 확인할 수 있습니다.

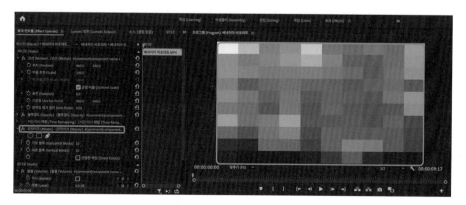

03 [모자이크]에는 ❶ [가로 블록(Horizontal Blocks)], ❷ [세로 블록(Vertical Blocks)], ❸ [선명한 색상(Sharp Colors)]이 있습니다.

❶ [가로 블록]과 ❷ [세로 블록]의 숫자를 조절하여 모자이크의 네모 크기와 개수를 조절할 수 있습니다. 정사각형 비율의 모자이크를 만들기 위해 영상 비율과 동일한 16:9의 비율로 숫자를 설정합니다.

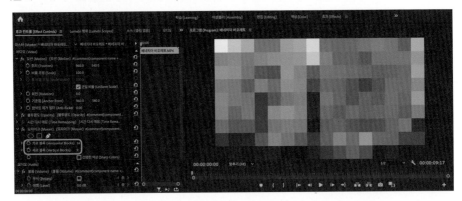

❸ [선명한 색상]을 체크하면 모자이크 타일의 색상이 진해집니다.

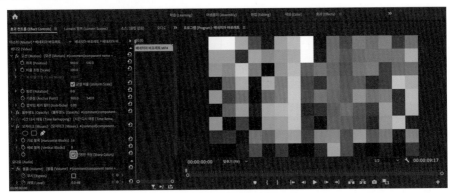

04 영상 마지막 부분의 관광객 옆모습을 모자이크하기 위해, [베네치아 바포레토] 클립의 끝 부분으로 재생 헤드를 옮깁니다.

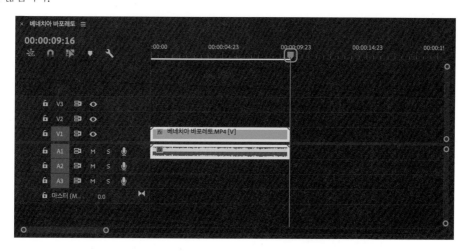

05 [모자이크] 아래에 있는 [타원 마스크 만들기(Create Ellipse mask)]  아이콘을 클릭합니다.

06 **프로그램 모니터 패널**에 동그라미 모양의 마스크가 생성됩니다.

07 도형 꼭짓점을 마우스로 조정하며 모양을 다듬습니다. 동그라미 마스크를 관광객의 옆모습 위에 놓습니다.

08 동그라미 속 모자이크 타일의 크기와 개수를 조절하기 위해 가로 블록과 세로 블록의 수를 각각 32, 18로 변경합니다.

09 관광객의 옆모습을 기준으로 영상의 끝에서 시작으로 마스크를 추적합니다. [마스크(Mask)] – [마스크 패스(Mask Path)]의 역재생 버튼을 눌러 [선택한 마스크 뒤로 추적(Track selected mask backward)]을 실행합니다.

10 [추적(Tracking)]이 실행되면서 해당 기능이 적용됩니다.

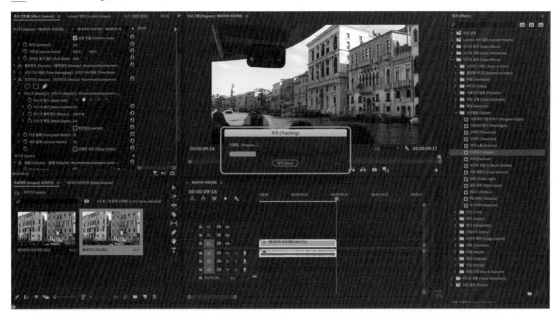

11 영상을 재생하여 결과를 확인합니다. 인물을 따라다니는 모자이크 효과가 완성되었습니다.

완성 영상

색상 매트 추가하기

영상 클립의 사이즈를 조정해 색상이 있는 배경을 뒤에 배치할 수 있습니다. 색상 매트 기능으로 간단하게 색상 배경을 만들어 보겠습니다.

• 예제 파일 : 색상 매트.prproj　　　• 완성 파일 : 색상 매트_완성.prproj

01 색상 매트.prproj 파일을 실행하고 [베네치아 리알토다리] 클립을 선택합니다.

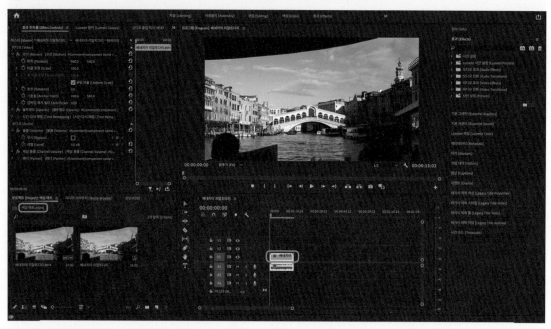

02 영상 뒤에 색상 배경을 넣기 위해 [베네치아 리알토다리] 클립의 크기를 작게 조절합니다. **효과 컨트롤 패널**에서 [모션(Motion)] 아래의 [비율 조정(Scale)]을 90으로 조정합니다.

03 프로젝트 패널의 [새 항목(New Item)] − [색상 매트(Color Matte)]를 선택합니다.

04 [새 색상 매트(New Color Matte)] 창이 나타납니다. 설정을 그대로 두고 [확인(OK)]을 누릅니다.

05 [색상 피커(Color Picker)] 창에서 배경색을 #9EDFFF로 변경한 후 [확인(OK)]을 누릅니다.

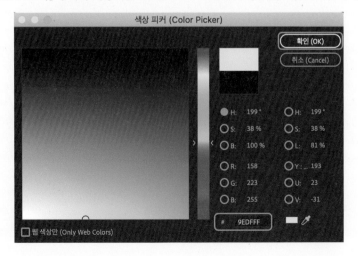

06 [이름 선택(Choose Name)] 창이 나타납니다. 색상 매트의 이름을 설정해주는 단계로, 구분이 필요하지 않다면 기본 이름을 그대로 두고 [확인(OK)]을 누릅니다.

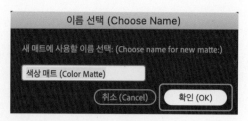

07 **프로젝트 패널**에 [색상 매트(Color Matte)] 클립이 생성됩니다. [색상 매트] 클립도 일반 영상 클립과 같은 역할을 하므로 컷 편집과 효과 적용이 가능합니다.

08 선택 도구로 **타임라인 패널**에서 V1 트랙에 있는 [베네치아 리알토다리] 클립을 위로 드래그하여 V2 트랙으로 옮깁니다.

09 **프로젝트 패널**의 [색상 매트] 클립을 드래그 앤 드롭하여 V1 트랙에 놓습니다. [베네치아 리알토다리] 클립의 길이에 맞춰 [색상 매트] 클립의 길이를 함께 조절합니다.

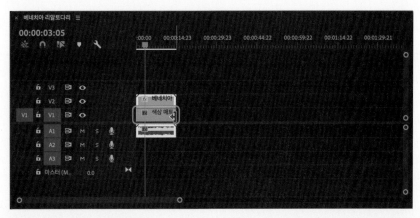

10 색상 배경이 적용된 영상을 확인합니다.

11 [색상 매트] 클립은 복사하여 다른 색상 배경을 만들어낼 수도 있습니다. 단, 하나의 [색상 매트] 클립은 하나의 색만 가지므로, 새로운 색 배경을 만들기 위해서는 [색상 매트] 클립을 복사해야 합니다. [색상 매트] 클립을 선택하고 Cmd/Ctrl+C, Cmd/Ctrl+V를 눌러 클립을 복사합니다. 복사한 [색상 매트] 클립을 더블클릭하면 색상 피커가 나타납니다. 색을 #9EB7FF로 변경하고 [확인(OK)]을 눌러 색상을 변경합니다.

12 색상 매트와 컷 편집을 활용하면 다양한 배경을 연출할 수 있습니다.

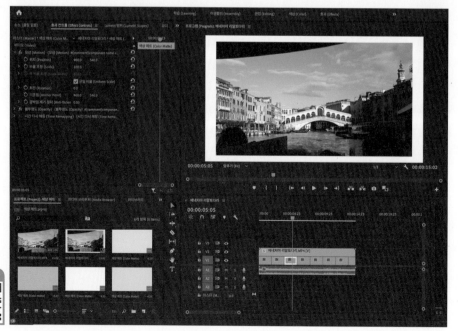

완성 영상

Chapter

03

키프레임 활용하기

키프레임을 활용하면 특정 클립을 점점 확대하거나 축소하는 것처럼 간단한 애니메이션 효과를 만들 수 있습니다. 영상뿐만 아니라 사운드를 조절할 때도 키프레임은 유용하게 활용됩니다. 키프레임의 기본 원리와 키프레임을 활용할 수 있는 다양한 방법을 알아보겠습니다.

01 키프레임의 기본

키프레임(Key frame)은 동영상을 제작할 때 공통적으로 쓰이는 개념입니다. 키프레임이 작동하는 원리와 함께 키프레임을 생성하고 삭제하는 방법을 알아보겠습니다.

• 예제 파일 : 키프레임 기본.prproj

01 키프레임(Key frame)은 속성값이 지정된 기준점입니다. 두 개의 키프레임을 이용해 시작점과 끝점을 설정하면 속성이 점점 변하는 효과를 만들어낼 수 있습니다. 예를 들어 **효과 컨트롤 패널**의 타임라인에서 00:00:00에 크기의 속성값이 100인 첫 번째 키프레임(시작점)을 추가하고, 타임라인 00:05:00에 크기의 속성값이 300인 두 번째 키프레임(끝점)을 추가합니다. 5초 동안 영상 크기가 100에서 300만큼 커지는 애니메이션이 완성됩니다.

02 키프레임은 **효과 컨트롤 패널**에서 생성하고 조절할 수 있습니다. 각 속성의 이름 앞에는 애니메이션을 켜고 끌 수 있는 토글 버튼이 있습니다. 토글 버튼을 누르면 속성값 오른쪽에 있는 키프레임 버튼이 활성화됩니다.

03 **효과 컨트롤 패널**의 타임라인 영역과 재생 헤드는 **타임라인 패널**과 동기화되어 있습니다. 타임라인 영역에서 재생 헤드를 원하는 위치로 옮기고 키프레임 버튼을 누르면 키프레임이 생성됩니다.

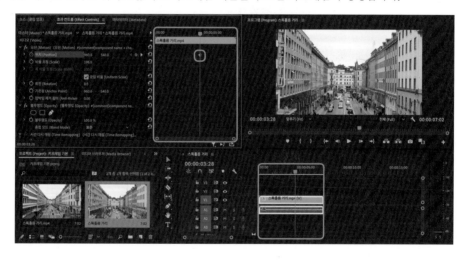

04 키프레임을 직접 선택하여 (Delete)를 누르면 손쉽게 삭제가 가능합니다.

05 토글 버튼을 눌러 애니메이션을 끄면 해당 속성에 생성해둔 키프레임이 모두 삭제됩니다. 이때, 키프레임이 삭제되면 재생 헤드 위치의 속성값이 기본값으로 변경됩니다. 또한, 다시 토글 버튼을 눌러 애니메이션을 켜더라도 이전에 만들었던 키프레임이 복원되지 않습니다.

P O I N T

타임라인 패널에서 키프레임 쉽게 사용하기

트랙의 높이를 조절하면 **타임라인 패널**에서 바로 키프레임을 활용할 수 있습니다. 첫 번째는 트랙과 트랙의 구분선에 마우스를 올린 후 드래그하여 직접 트랙의 높이를 조절하는 방법입니다. 두 번째는 단축키를 이용해 트랙 높이를 조절하는 방법입니다. 비디오 트랙은 Cmd/Ctrl+⌃를 눌러 높이를 늘리고 Cmd/Ctrl+⌄을 눌러 높이를 줄일 수 있습니다. 마찬가지로 오디오 트랙은 Opt/Alt+⌃ 또는 Opt/Alt+⌄을 눌러 트랙의 높이를 조절할 수 있습니다. 또한, 트랙의 높이를 늘리면 키프레임 버튼이 활성화됩니다.

02 효과 컨트롤에서 키프레임 활용하기

효과 컨트롤에서 위치, 비율 조정, 회전, 불투명도 등 다양한 속성을 조절할 수 있습니다. 영상과 자막에 키프레임을 추가해 새로운 효과를 적용해 보겠습니다.

• 예제 파일 : 키프레임 효과.prproj   • 완성 파일 : 키프레임 효과_완성.prproj

01 키프레임 효과.prproj 파일을 실행합니다. **타임라인 패널**을 확인하면 V1 트랙에 배경 영상인 [파리 에펠탑] 클립, V2트랙에 [What I Bought in Paris] 텍스트 클립이 있으며, 그 위로는 [카메라] 클립, [향수] 클립, [핸드 크림] 클립이 있습니다. 영상을 재생하면 카메라와 향수 이미지가 움직입니다. 이번에는 키프레임을 활용해 자막에 깜빡이는 효과를 주고 핸드크림도 두 이미지처럼 움직여보겠습니다.

02 먼저 재생 헤드를 00:00:00:00로 옮깁니다. [What I Bought in Paris] 텍스트 클립을 선택한 후 **효과 컨트롤 패널**을 클릭합니다.

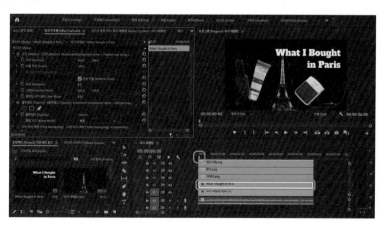

03 [불투명도(Opacity)] 앞에 있는 시계  아이콘을 눌러 애니메이션을 활성화합니다. 활성화하는 순간, 재생 헤드가 있는 지점에 첫 번째 키프레임이 생성됩니다.

04 Shift + ─ 를 눌러 뒤로 5프레임 이동합니다. 한 번 더 반복하여 총 10프레임 뒤로 이동한 후, 키프레임 버튼을 눌러 두 번째 키프레임을 생성합니다.

05 생성된 두 번째 키프레임의 [불투명도]를 0%로 변경합니다.

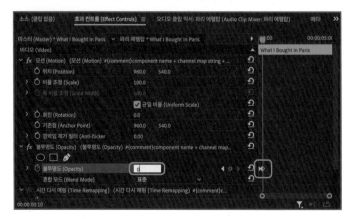

06 생성된 두 개의 키프레임을 선택한 후 Cmd/Ctrl+C를 눌러 복사합니다. Shift+→ 누르기를 두 번 반복하여 10프레임 뒤로 이동합니다. Cmd/Ctrl+V를 눌러 두 개의 키프레임을 붙여넣습니다.

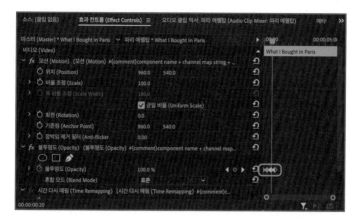

07 10 프레임 뒤로 이동 후 붙여넣기(Cmd/Ctrl+V)를 세 번 더 반복합니다. 총 10개의 키프레임이 생성됩니다.

08 모든 키프레임을 선택한 후 마우스 오른쪽 버튼을 클릭하여 [베지어(Bezier)]를 선택합니다.

09 영상을 재생하면 자막이 자연스럽게 깜빡거리는 효과가 나타납니다.

 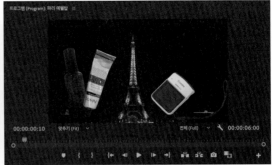

10 사물을 움직이는 애니메이션을 만들어 보겠습니다. 재생 헤드를 00:00:00:00로 옮기고 [핸드크림] 클립을 선택한 후 **효과 컨트롤 패널**을 클릭합니다. [모션(Motion)] – [회전(Rotation)]의 애니메이션 버튼을 활성화하여 첫 번째 키프레임을 생성합니다.

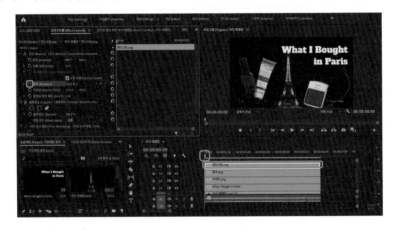

11 Shift+← 누르기를 네 번 반복하여 20프레임 뒤로 이동합니다. 두 번째 키프레임을 생성하고 [회전] 값을 100도로 변경합니다.

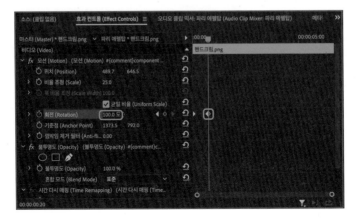

12 [회전]에 생성된 두 키프레임을 복사한 후 20 프레임 뒤에 붙여넣습니다. 20 프레임 이동 후 붙여넣기를 한 번 더 반복합니다.

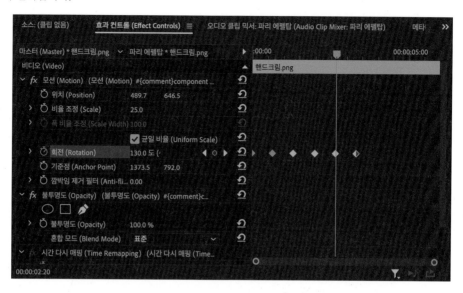

13 **타임라인 패널**로 돌아와 완성된 영상을 재생합니다. 자막이 깜빡이면서 사물들이 움직이는 애니메이션이 적용된 것을 확인합니다.

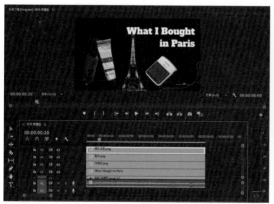 

03 키프레임으로 오디오 조절하기

키프레임의 원리를 이용하면 오디오에도 자유자재로 페이드-인, 페이드-아웃 효과를 적용할 수 있습니다.

• 예제 파일 : 키프레임 오디오.prproj   • 완성 파일 : 키프레임 오디오_완성.prproj

__01__ 키프레임 오디오.prproj 파일을 실행합니다.

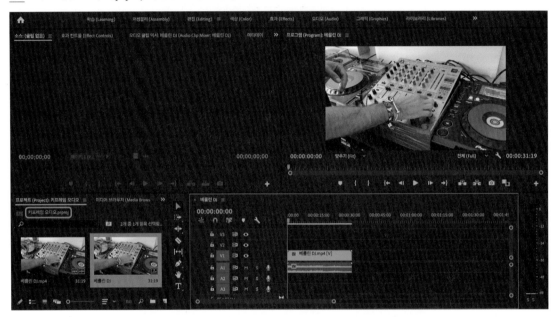

__02__ A1 오디오 트랙의 높이를 조절하고 [베를린 DJ] 클립을 선택하여 키프레임 버튼을 활성화합니다.

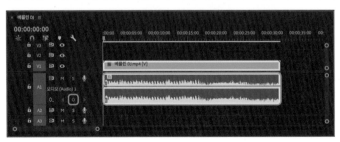

03 페이드인 효과를 주고자 하는 시작점과 끝점에 각각 키프레임을 생성합니다. 00:00:00:00로 재생 헤드를 옮기고 키프레임 버튼을 한 번, 00:00:03:00로 재생 헤드를 옮기고 키프레임 버튼을 한 번 누르면 두 개의 키프레임이 생성됩니다.

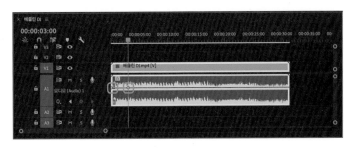

04 시작점의 키프레임을 선택한 후 아래로 드래그해 −무한대 dB가 되도록 합니다.

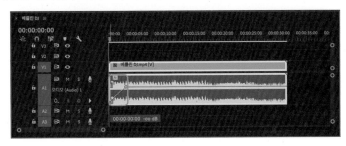

05 마찬가지로 페이드아웃 효과를 주고자 하는 시작점과 끝점에 각각 키프레임을 생성하고, 끝점의 키프레임을 선택한 후 아래로 드래그해 −무한대 dB가 되도록 합니다.

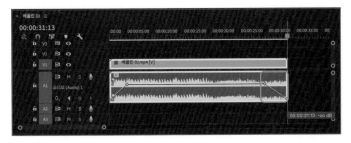

06 생성된 키프레임을 선택한 상태에서 드래그하면 좌우로 이동할 수 있습니다. 마지막에 생성한 키프레임을 선택하여 앞으로 당깁니다.

07 클립 안에서 키프레임을 자유롭게 생성하며 오디오를 조정할 수 있습니다. [베를린 DJ] 클립에 네 개의 키프레임을 추가합니다.

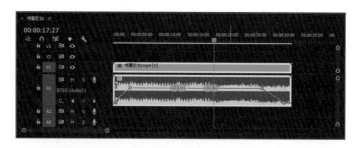

08 가운데 선을 선택하여 아래로 드래그하면 다음과 같이 변경됩니다.

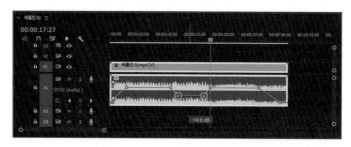

09 완성된 영상을 재생하면서 키프레임으로 오디오를 조절한 결과를 들어 봅니다.

부드럽게 속도 조절하기

키프레임 원리를 이용한 다른 효과와 마찬가지로 시간 다시 매핑 역시 점을 찍어 속도를 조절합니다. 시간 다시 매핑 기능을 활용하면 영상에 속도감을 줄 수 있습니다. 점점 빨라지는 효과와 점점 느려지는 효과를 만들어 봅니다.

• 예제 파일 : 시간 다시 매핑.prproj   • 완성 파일 : 시간 다시 매핑_완성.prproj

01 시간 다시 매핑.prproj 파일을 실행합니다. 비디오 트랙의 빈 곳을 눌러 V1 트랙의 높이를 늘리고 재생 헤드를 00:00:03:00로 옮깁니다.

02 **타임라인 패널**에서 [런던 지하철] 클립을 선택하고 마우스 오른쪽 버튼을 클릭합니다. [클립 키프레임 표시 (Show Clip Keyframes)] - [시간 다시 매핑(Time Remapping)] - [속도(Speed)]를 누르면 클립 가운데 선이 나타납니다.

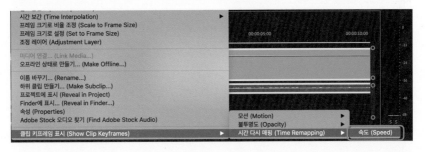

03 속도에 변화를 줄 시작점과 끝점에 각각 키프레임을 생성해야 합니다. Cmd/Ctrl 을 누른 채 [런던 지하철] 클립 선 가운데에 마우스를 두고 시작점(00:00:03:00)에 첫 번째 키프레임을 생성합니다.

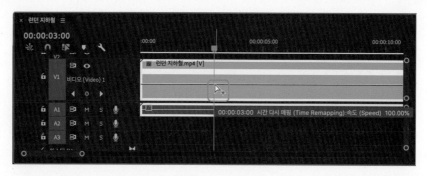

04 끝점(00:00:06:00)에 마찬가지로 두 번째 키프레임을 생성합니다.

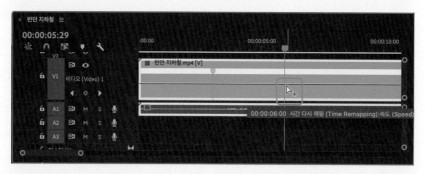

05 두 키프레임 사이의 선을 아래로 내리면 해당 구간은 속도가 느려지면서 클립의 길이가 늘어나고, 반대로 선을 위로 올리면 속도가 빨라지면서 클립의 길이가 줄어듭니다.

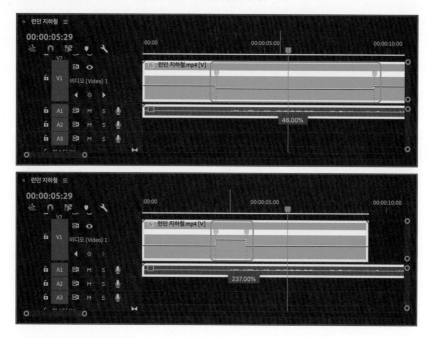

06 해당 구간의 속도를 250%로 변경한 후 영상을 다시 재생해 보면 점점 빨라졌다가 다시 원래 속도로 돌아오는 영상이 완성됩니다.

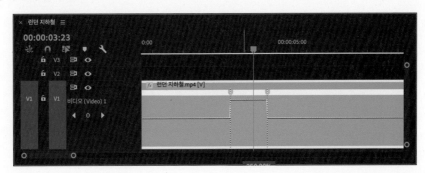

07 속도가 변하기 시작하는 지점을 자연스럽게 연출하기 위해 마커를 조정합니다. 생성된 회색 마커는 자세히 보면 점선으로 나뉘어져있습니다. 첫 번째 키프레임 마커의 왼쪽 부분을 눌러 왼쪽으로 낭기면 그래프처럼 직선이 생깁니다.

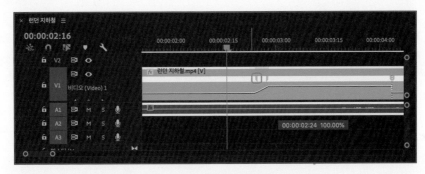

두 번째 키프레임도 마찬가지로 마커의 오른쪽 부분을 눌러 오른쪽으로 당깁니다.

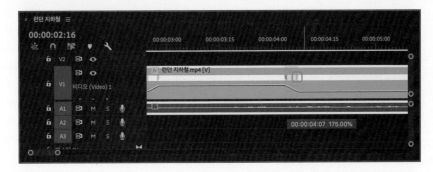

08 영상을 처음부터 다시 재생합니다. **프로그램 모니터 패널**에서 속도감이 부드러워진 영상을 확인합니다.

09 비디오 클립에서 [시간 다시 매핑 효과]를 적용하면 오디오 클립에는 적용되지 않습니다. 시간 코드 아래의 [연결된 선택(Linked Selection)] 아이콘을 눌러 비활성화한 후 오디오 클립을 삭제하여 영상을 완성합니다.

완성 영상

Chapter

04

색다른 효과 따라하기

키프레임, 자막, 비디오 효과 등 프리미어 프로의 다양한 기능을 활용해 영상을 다이나믹하게 제작할 수 있습니다. 영상의 주제나 스타일에 관계없이 활용하기 좋은 효과로 시네마틱 인트로, 타이핑 효과, REC 효과, 영상 품은 텍스트, 크로마키 합성 영상까지 총 다섯 가지로 정리하였습니다.

01 시네마틱 인트로

위아래로 문이 열리는 느낌을 주어 시네마틱 인트로를 만들어 볼 수 있습니다. 영상이 시작되는 부분에 시네마틱 인트로를 만들어 삽입하면 다이나믹하면서도 고급스러운 느낌을 더할 수 있으며, 다양한 영상 장르에 활용할 수 있습니다.

• 예제 파일 : 시네마틱 인트로.prproj • 완성 파일 : 시네마틱 인트로_완성.prproj

01 시네마틱 인트로.prproj 파일을 실행합니다.

02 **프로젝트 패널**의 [새 항목(New Item)] – [색상 매트(Color Matte)]를 눌러 새로운 검정색 색상 매트를 생성합니다.

03 **프로젝트 패널**에 있는 [색상 매트(Color Matte)] 클립을 드래그 앤 드롭하여 **타임라인 패널**의 V2 트랙으로
이동합니다. [프랑크푸르트 기차역] 클립의 길이만큼 [색상 매트] 클립의 길이를 조정합니다.

04 **효과 패널**에서 [비디오 효과(Video Effects)] − [변형(Transform)] − [자르기(Crop)]를 선택하여 [색상 매트]
클립에 적용합니다.

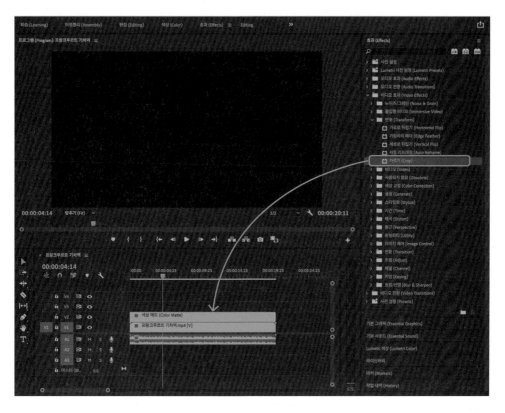

05 효과 컨트롤 패널에 [자르기]가 추가됩니다. 재생 헤드를 00:00:00:00로 옮기고 [위(Top)]의 토글 버튼을 눌러 첫 번째 키프레임을 생성합니다. 이후 [위]의 값을 50%로 변경합니다. **프로그램 모니터 패널**에서 위에서부터 50% 만큼 [색상 매트] 클립이 잘린 것을 확인합니다.

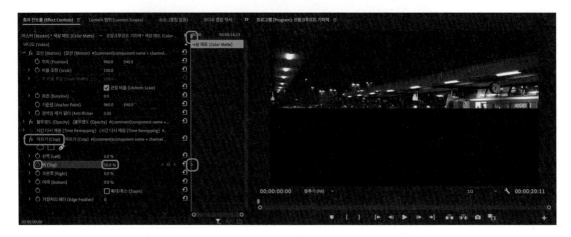

06 재생 헤드를 00:00:04:02로 옮기고, 키프레임 버튼을 눌러 두 번째 키프레임을 생성합니다. 이후 [위]의 값을 100%로 변경합니다. **프로그램 모니터 패널**에서 영상을 재생하면 아래쪽으로 열리는 효과를 확인할 수 있습니다.

07 자연스럽고 부드럽게 열리는 효과를 적용하기 위해, 00:00:00:00에 생성한 첫 번째 키프레임을 선택하고 마우스 오른쪽 버튼을 클릭하여 [가속 프레임(Ease In)]을 누릅니다.

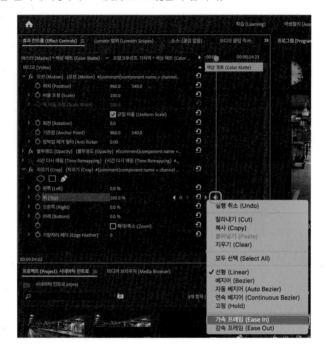

08 00:00:04:02에 생성한 두 번째 키프레임을 선택하고 마우스 오른쪽 버튼을 클릭하여 [감속 프레임(Ease Out)]을 누릅니다. 이전보다 영상이 부드럽게 열립니다.

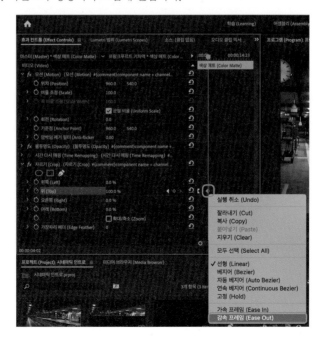

09 영상이 열리는 속도를 더 조절하고 싶다면 [위]의 옵션을 열어 그래프를 조정합니다.

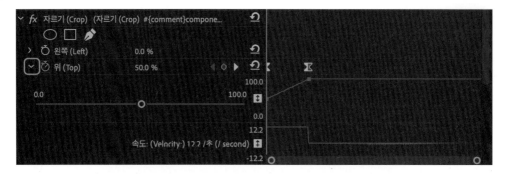

10 그래프는 속도를 의미합니다. 그래프가 가파를수록 빨라지고, 그래프가 완만해질수록 느려집니다. 점을 눌러 상하좌우로 드래그하면 조절점이 생기며 곡선을 조절할 수 있습니다. 곡선 그래프를 조절하여 부드럽게 만들어줍니다.

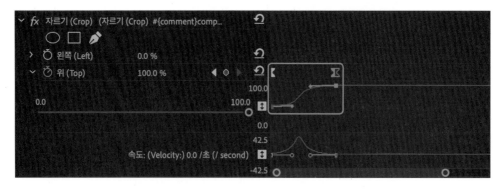

11 위아래가 모두 열리도록 [색상 매트] 클립을 복사합니다. V2 트랙의 [색상 매트] 클립을 선택한 후, Opt/Alt 를 누른 상태에서 V3 트랙으로 드래그하면 쉽게 [색상 매트] 클립의 복사본이 생성됩니다.

12 **효과 패널**에서 [비디오 효과] – [변형] – [세로로 뒤집기(Vertical Flip)]을 선택하여 복사한 [색상 매트] 클립에 적용합니다.

13 [레거시 제목(Legacy Title)] 창을 열어 'FRANKFURT'를 입력합니다. 폰트를 Code Bold로 변경하고 크기를 250으로 조절한 후 중앙으로 정렬합니다. 창을 닫아 텍스트 편집을 완료합니다.

14 **프로젝트 패널**에 생성된 [제목(Title) 01] 클립을 **타임라인 패널**의 V4 트랙으로 드래그 앤 드롭합니다. 영상이 열리는 위치인 00:00:01:10에 클립을 넣고 길이를 조절합니다.

15 **효과 패널**에서 [비디오 전환(Video Transitions)] – [디졸브(Dissolve)] – [교차 디졸브(Cross Dissolve)]를 선택하여 [제목(Title) 01] 클립의 앞뒤에 효과를 적용합니다.

16 [교차 디졸브] 효과의 길이를 조정한 후 완성된 시네마틱 인트로를 확인합니다.

빠르게 [교차 디졸브] 효과 적용하기

단일 클립을 선택한 후 단축키 (Cmd)/(Ctrl)+(D)를 누르면 자동으로 [교차 디졸브] 효과가 클립의 앞뒤에 적용됩니다. 같은 트랙 위에 붙어 있는 복수의 클립을 선택한 후 (Cmd)/(Ctrl)+(D)를 누르면 클립과 클립 사이에 [교차 디졸브] 효과가 적용됩니다.

[교차 디졸브]가 가장 많이 활용되는 비디오 전환 효과이기 때문에 기본 단축키 기능으로 설정되어 있습니다. 그러나 해당 단축키로 다른 전환 효과를 적용하고 싶다면 **효과 패널**에서 원하는 전환 효과를 선택한 후 마우스 오른쪽 버튼을 클릭하여 [선택한 항목을 기본으로 전환(Set Selected as Default Transition)]을 눌러 변경합니다.

02 타이핑 효과를 입힌 자막

키프레임을 이용해 타이핑하는 느낌의 자막을 만들 수 있습니다. 다소 시간이 걸리는 작업이지만 방법만 알면 영상 곳곳에 유용하게 쓸 수 있는 효과입니다.

• 예제 파일 : 타이핑 자막.prproj   • 완성 파일 : 타이핑 자막_완성.prproj

01 타이핑 자막.prproj 파일을 실행하고 [텍스트 도구(Type Tool)]를 선택합니다.

02 **프로그램 모니터 패널**에서 원하는 위치를 클릭하여 텍스트를 입력합니다. 'SEOUL TO BERLIN'을 입력하면 새로운 텍스트 클립이 생성됩니다.

03 [SEOUL TO BERLIN] 텍스트 클립을 선택하고 **효과 컨트롤 패널**의 [텍스트(Text)] – [소스 텍스트(Source Text)]에서 폰트를 Code Bold로, 크기를 180으로 설정합니다. 이후 왼쪽 정렬을 선택하고 위치를 조정합니다. 타이핑 효과를 적용한 후에는 폰트의 종류, 크기, 색상 등 속성을 변경할 수 없기 때문에 미리 조정해야 합니다.

04 **효과 컨트롤 패널**에서 재생 헤드를 [SEOUL TO BERLIN] 텍스트 클립의 절반 지점으로 이동한 후 [소스 텍스트(Source Text)]의 토글 버튼을 눌러 첫 번째 키프레임을 생성합니다.

05 Shift + ─를 눌러 앞으로 5프레임 이동합니다. 이동한 후 키프레임 버튼을 눌러 두 번째 키프레임을 생성합니다. **프로그램 모니터 패널**의 텍스트를 뒤에서부터 한 글자 삭제합니다(SEOUL TO BERLIN → SEOUL TO BERLI).

06 마찬가지로 Shift + ─를 눌러 5프레임 이동한 후, 키프레임 버튼을 눌러 추가로 키프레임을 생성합니다. 이어서 **프로그램 모니터 패널**에서 한 글자를 지웁니다. 글자가 모두 사라질 때까지 이 과정을 반복합니다. 실수를 방지하기 위해 **효과 컨트롤 패널**에서 키프레임이 제대로 생성되고 있는지 확인합니다. 타임라인 영역의 키프레임이 잘 보이지 않는다면 아래의 바로 배율을 조절합니다.

07 **타임라인 패널**에서 텍스트 클립을 재생하여 글자가 없어지는 타이밍을 확인합니다. **효과 컨트롤 패널**로 돌아가 생성한 키프레임을 모두 드래그하여 한 번에 선택하고, 키프레임을 적절한 위치로 옮깁니다.

08 **타임라인 패널**에서 타이핑 느낌의 자막이 완성된 것을 확인합니다.

완성 영상

03 시간 코드로 만드는 REC 효과

REC(레코딩) 효과는 브이로그처럼 일상 영상에 자주 활용할 수 있습니다. 비디오 효과 중 시간 코드와 섬광을 이용해 녹화 중인 화면을 직접 구현해 봅니다.

• 예제 파일 : REC 효과.prproj   • 완성 파일 : REC 효과_완성.prproj

01 REC 효과.prproj 파일을 실행합니다.

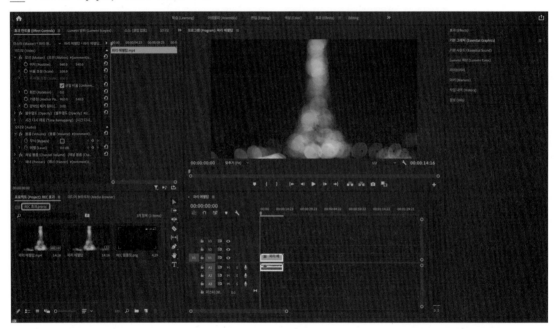

02 **프로젝트 패널**에 있는 [REC 템플릿] 클립을 **타임라인 패널**의 V2 트랙으로 드래그 앤 드롭하여 삽입합니다.

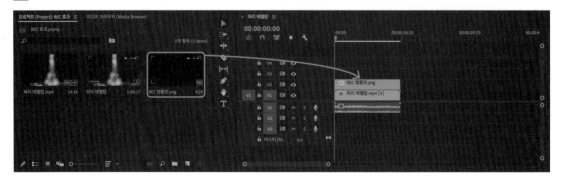

03 화면에서 REC 템플릿을 삽입했으나 보이지 않습니다. [REC 템플릿] 클립을 마우스 오른쪽 버튼을 클릭하여
[프레임 크기로 설정(Set to Frame Size)]을 선택합니다.

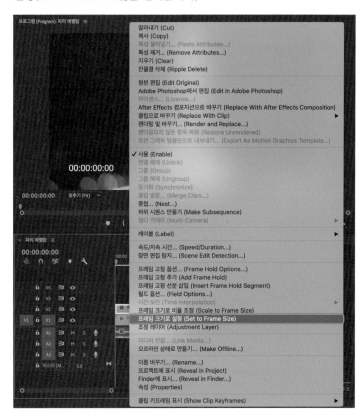

04 [REC 템플릿] 클립이 영상의 크기에 맞게 조절됩니다.

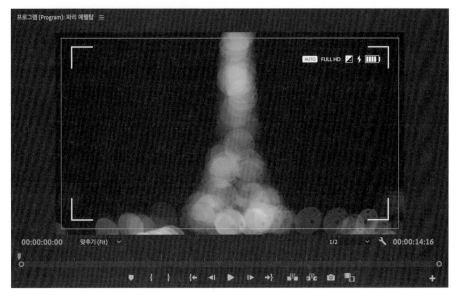

05 [도구] – [텍스트 도구(Type Tool)]로 'REC'를 입력하고 **효과 컨트롤 패널**에서 폰트를 Noto Sans CJK KR로 변경합니다. 적절한 위치로 옮긴 후 [REC] 클립의 길이를 영상의 길이에 맞게 조절합니다.

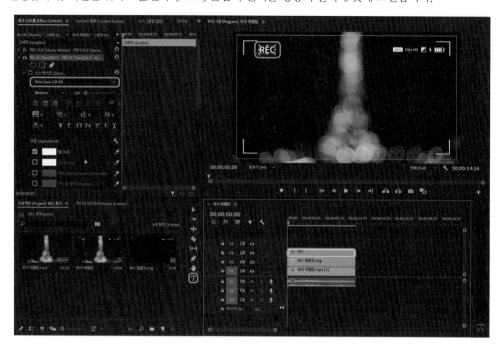

06 REC 글씨 앞에 빨간 점을 찍어 녹화중 표시를 만들어 보겠습니다. [REC] 텍스트 클립을 복사하여 새로운 클립을 만듭니다. [Opt]/[Alt]을 누르고 [REC] 텍스트 클립을 트랙 위로 드래그하여 간편하게 복사합니다.

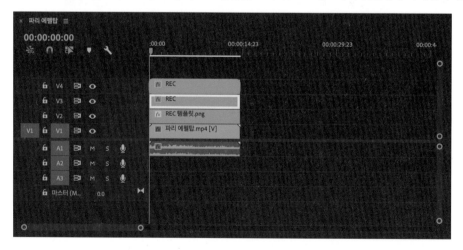

07 [텍스트 도구]로 V4 트랙에 있는 [REC] 클립의 글씨를 '.'으로 수정합니다. **효과 컨트롤 패널**에서 텍스트 크기를 조절하고, [모양(Appearance) – [칠(Fill)]에서 텍스트 색상을 빨간색으로 변경합니다.

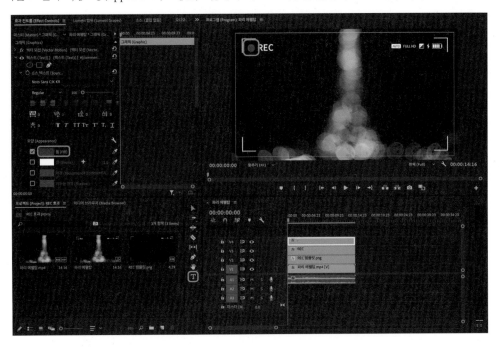

08 **효과 패널**에서 [비디오 효과(Video Effects)] – [스타일화(Stylize)] – [섬광(Strobe Light)]를 선택하여 [.] 텍스트 클립에 적용합니다.

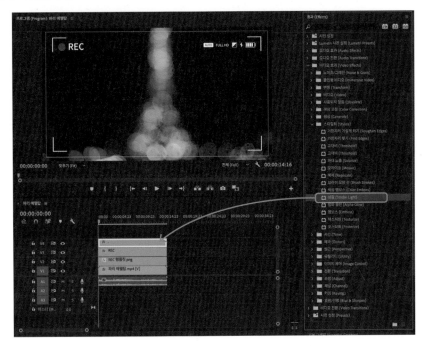

09 효과 컨트롤 패널에 [섬광]이 추가됩니다. 동시에 **프로젝트 모니터 패널**의 빨간색 원이 하얗게 변합니다.

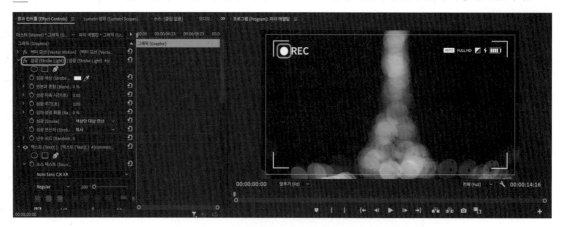

10 텍스트를 선택한 후 **효과 컨트롤 패널**에서 [섬광] – [섬광(Strobe)]의 옵션을 [레이어를 투명하게(Makes Layer Transparent)]로 변경합니다. **프로젝트 모니터 패널**에서 확인하면 빨간색 점이 깜빡거리는 효과가 완성됩니다.

11 녹화 중 프레임이 넘어가는 효과를 주기 위해 **효과 패널**에서 [비디오 효과] – [비디오(Video)] – [시간 코드
(Timecode)]를 [파리 에펠탑] 클립에 적용합니다.

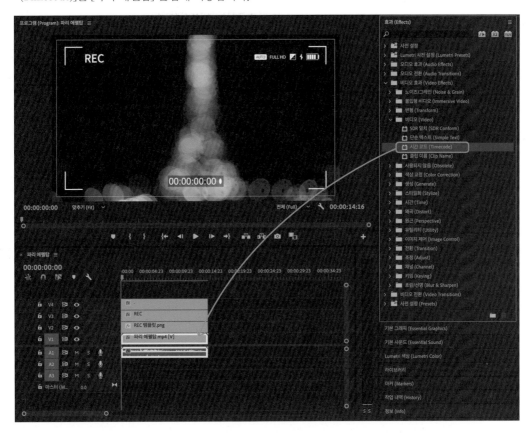

12 **효과 컨트롤 패널**의 [시간 코드]에서 [위치(Position)], [크기(Size)]를 조절합니다. [불투명도(opacity)]를 조절
하여 시간 코드의 배경을 검은색(100%) 또는 투명하게(0%) 변경할 수 있습니다. [필드 기호(Field Symbol)]는
체크박스를 해제합니다.

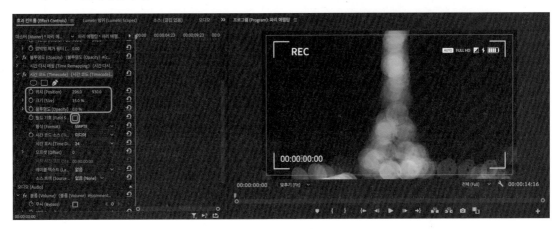

13 Enter 를 눌러 렌더링을 진행합니다. **타임라인 패널**의 빨간 선이 초록 선으로 변하고, 영상이 부드럽게 재생됩니다.

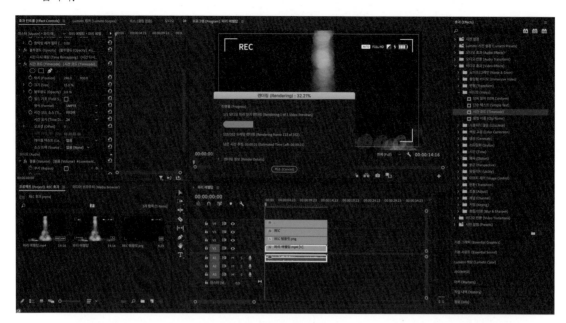

14 프로젝트 모니터 패널에서 REC 효과를 입힌 영상을 확인합니다.

04 트랙 매트 키로 영상 품은 텍스트 만들기

트랙 매트 키(Track Matte Key)를 이용하면 텍스트 안에 영상을 넣는 효과를 만들 수 있습니다. 텍스트 안의 영상이 점점 커지는 효과로 극적인 효과를 낼 수 있습니다. 두꺼운 폰트로 작업해야 효과가 극대화되기 때문에 제목에 활용하는 것을 추천합니다.

• 예제 파일 : 영상 품은 텍스트.prproj　　• 완성 파일 : 영상 품은 텍스트_완성.prproj

__01__　영상 품은 텍스트.prproj 파일을 실행합니다. [텍스트 도구(Type Tool)]를 선택하고 **프로젝트 모니터 패널**에서 'COPENHAGEN'을 입력합니다.

02 [COPENHAGEN] 텍스트 클립을 선택한 후 **효과 컨트롤 패널**의 [텍스트(Text)] – [소스 텍스트(Source Text)]에서 폰트를 Code Bold로 변경하고 크기를 300으로 조정합니다. 텍스트를 원하는 위치에 배치하고, 텍스트 클립의 길이를 [코펜하겐 뉘하운] 클립의 길이와 동일하게 조절합니다.

03 [코펜하겐 뉘하운] 클립을 선택하고 마우스 오른쪽 버튼을 클릭하여 [중첩(Nest)]을 선택합니다. 텍스트 안의 영상이 점점 커지게 하도록 밑작업을 하는 단계입니다. [중첩된 시퀀스 이름(Nested Sequence Name)]이 나오면 [확인(OK)]을 누릅니다.

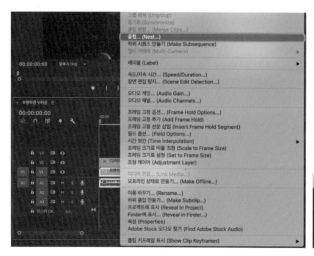

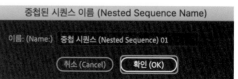

04 **프로젝트** 패널과 **타임라인** 패널에 [중첩 시퀀스(Nested Sequence)]가 클립으로 만들어 집니다. 중첩된 시퀀스는 초록색으로 표시됩니다.

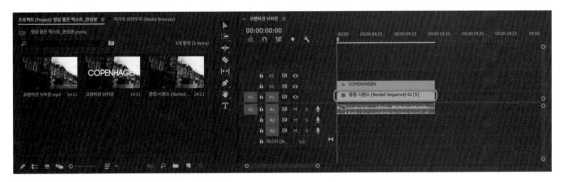

05 [중첩 시퀀스] 클립을 더블클릭하면 [코펜하겐 뉘하운] 클립이 포함된 중첩 시퀀스가 열립니다.

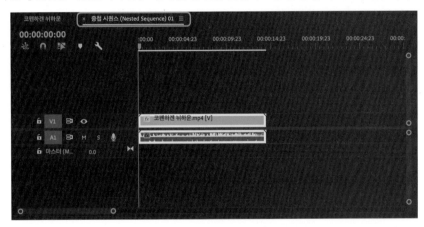

06 [코펜하겐 뉘하운] 클립을 선택하고 **효과 컨트롤** 패널에서 클립의 시작점과 끝점에 키프레임을 생성합니다. 시작점의 키프레임에는 크기를 100으로, 끝점의 키프레임은 크기를 200으로 설정합니다. 영상을 재생하면 영상이 점점 커집니다.

07 타임라인 패널의 [코펜하겐 뉘하운] 시퀀스를 다시 클릭합니다.

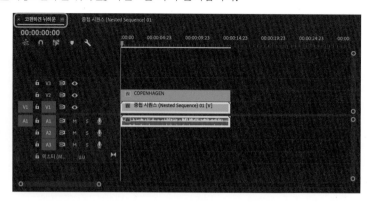

08 효과 패널에서 [비디오 효과(Video Effects)] - [키잉(Keying)] - [트랙 매트 키(Track Matte Key)]를 선택하여 [중첩 시퀀스] 클립에 적용합니다.

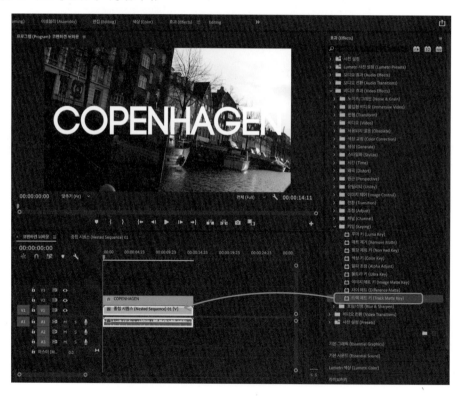

09 [중첩 시퀀스] 클립을 선택하고 **효과 컨트롤 패널**에서 [트랙 매트 키] – [매트(Matte)]의 옵션을 [비디오 (Video) 2]로 변경합니다.

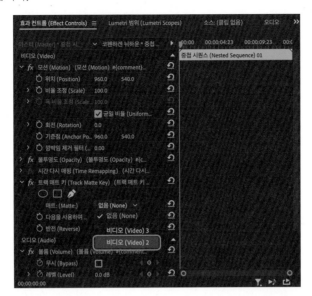

10 COPENHAGEN 텍스트 안에 영상이 들어갔습니다. 효과를 입힌 영상을 확인합니다.

05 크로마키 합성 영상 만들기

크로마키는 초록색 또는 파란색으로 사람의 피부색과 다른 색상을 이용합니다. 영상에서 특정 색상만 지우는 원리로 배경을 투명하게 바꾸거나 배경에 다른 이미지, 색상, 영상을 넣어 합성할 수 있습니다.

• 예제 파일 : 크로마키.prproj   • 완성 파일 : 크로마키_완성.prproj

01 크로마키.prproj 파일을 실행합니다.

02 **효과 패널**에서 [비디오 효과(Video Effects)] – [키잉(Keying)] – [울트라 키(Ultra Key)]를 선택하여 [블루그린] 클립에 적용합니다.

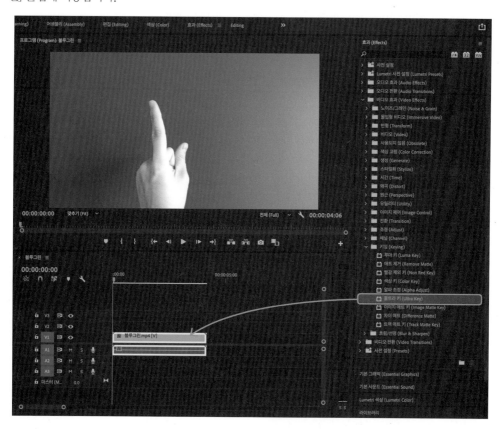

03 **효과 컨트롤 패널**에 [울트라 키]가 추가됩니다. [키 색상(Key Color)]의 스포이드 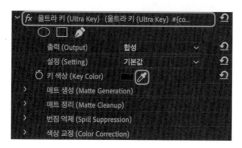 아이콘을 선택한 후 **프로그램 모니터 패널**에서 지우고 싶은 배경의 한 지점을 클릭합니다.

04 청록색이었던 배경색상이 사라지면서 검정색으로 변경됩니다.

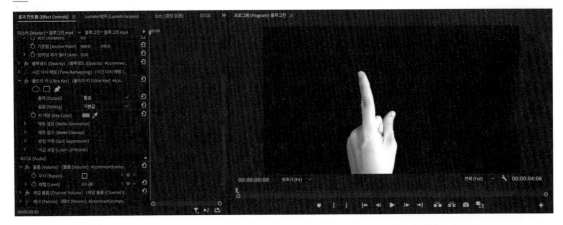

05 움직이는 영상이기 때문에 완벽하게 배경이 지워지지 않는 경우가 많아 추가적인 보정이 필요합니다. **효과 컨트롤 패널**로 돌아가 [출력(Output)]의 [합성(Composite)]을 [알파 채널(Alpha Channel)]로 변경합니다.

06 **프로그램 모니터 패널**의 영상이 흑백처럼 변합니다.

07 효과 컨트롤 패널에서 [매트 생성(Matte Generation)] 값을 조절합니다. 검은색 부분이 선명해지도록 [페데스탈(Pedestal)]을 100까지 늘립니다. 이제 [출력]의 [알파 채널]을 다시 [합성]으로 변경합니다.

08 **타임라인 패널**에서 [블루그린] 클립을 V2 트랙으로 긴 후 **프로젝트 패널**에서 배경으로 넣어줄 [회전목마] 영상을 V1 트랙으로 드래그 앤 드롭합니다. [회전목마] 클립의 길이를 [블루그린] 클립에 맞춰 조절합니다.

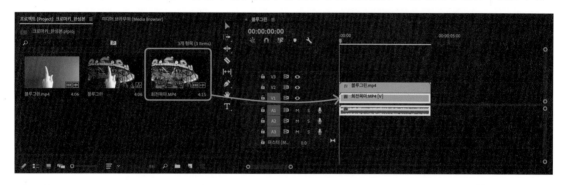

09 완성된 크로마키 합성 영상을 확인합니다.

완성 영상

Adobe Premiere Pro

A to Z 원데이 영상 클래스

Chapter

01

하루만에 뚝딱 만드는
브이로그

앞서 배운 기능들을 복습하며 브이로그 영상 하나를 처음부터 끝까지 완성해 보겠습니다. 컷 편집, 오디오 편집, 비디오 효과 적용, 색상 보정, 제목 및 자막 삽입까지 차근차근 따라하다 보면 프리미어 프로의 기능을 다시 한번 익힐 수 있습니다. 여기서는 하나의 프로젝트 파일로 실습을 진행합니다.

01 컷 편집하기

• 예제 파일 : 브이로그.prproj   • 완성 파일 : 브이로그_완성.prproj

<u>01</u> 브이로그.prproj 파일을 실행합니다. 이번 예제에서 사용할 모든 클립이 **프로젝트 패널**에 들어 있습니다.

<u>02</u> [인트로1] 클립을 **타임라인 패널**로 드래그 앤 드롭하여 시퀀스를 자동으로 생성합니다. 이후 [Sunset Dream
– Cheel] 오디오 클립을 A2 트랙으로 이어서 드래그 앤 드롭합니다.

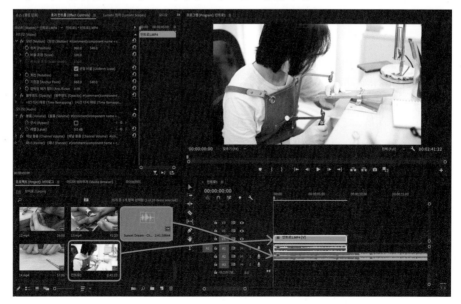

03 재생을 눌러 오디오 클립을 확인합니다. 00:00:10:05에 음악의 분위기가 바뀌므로, 이 부분까지를 인트로 부분으로 설정하겠습니다.

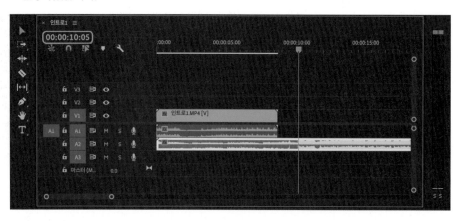

04 다시 재생을 누르고 오디오를 확인하면 00:00:02:16 에 박자가 바뀌는 것을 확인할 수 있습니다. 00:00:02:16까지 [인트로1] 클립의 길이를 조절합니다.

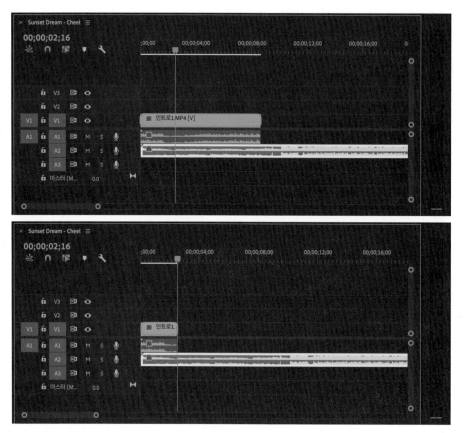

05 박자가 바뀌는 것을 음향으로 알아챌 수 없다면 오디오 파형으로 확인할 수 있습니다. A2 오디오 트랙의 높이를 늘립니다. 00:00:02:16 에 오디오 파형이 급격하게 바뀌는 것을 확인할 수 있습니다. 이러한 부분을 컷 편집의 기준점으로 삼습니다.

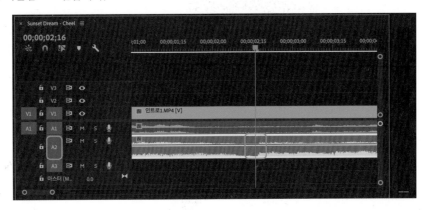

06 박자에 맞춰 [인트로1], [인트로2], [인트로3], [인트로4] 클립의 길이와 위치를 조정합니다. 앞서 설정한 인트로 부분인 00:00:10:05까지 네 개의 클립이 들어옵니다.

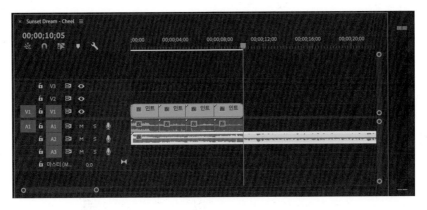

07 이와 같은 방법으로 오디오 클립의 박자에 맞춰 나머지 [1]~[15] 클립의 길이와 위치를 조정하며 컷 편집을 진행합니다.

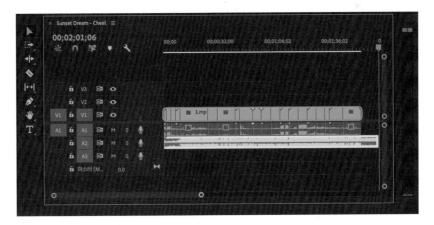

08 영상을 재생하면 오디오 클립과 영상의 싱크가 딱 맞아 떨어지는 것을 확인할 수 있습니다. ⌘/Ctrl+S를 눌러 프로젝트를 저장합니다.

오디오 클립을 먼저 넣는 이유

영상을 배울 때 컷 편집을 먼저 배우지만, 브이로그나 여행 영상을 편집할 때는 배경 음악을 먼저 설정하는 경우가 많습니다. 사소한 차이지만 영상 편집을 시작할 때부터 음악의 박자에 맞춰 컷 편집을 진행하면 훨씬 자연스럽고 감각적인 영상을 만들 수 있기 때문입니다.

02 오디오 편집하기

01 키프레임으로 오디오를 조절하기 위해 **타임라인 패널**의 A2 오디오 트랙의 높이를 길게 늘립니다.

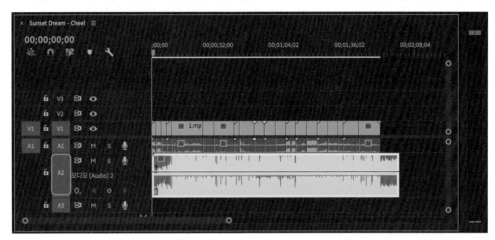

02 인트로가 끝나는 부분에서 점점 오디오의 페이드 아웃 효과를 적용해 보겠습니다. 00:00:09:18으로 재생 헤드를 옮기고 키프레임 버튼을 한 번, 00:00:10:05로 재생 헤드를 옮기고 키프레임을 한 번 눌러 두 개의 키프레임을 생성합니다.

03 키프레임을 위로 드래그하면 소리가 커지고, 아래로 드래그하면 소리가 작아집니다. 오른쪽 키프레임을 아래로 드래그하여 −18 dB정도로 조절합니다. 영상을 재생하면 00:00:09:18부분에서 오디오가 작아지는 것을 확인할 수 있습니다.

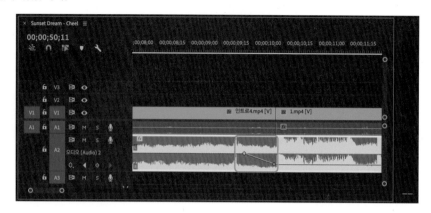

04 이와 같은 방법으로 A2 트랙의 오디오를 자유롭게 조절합니다.

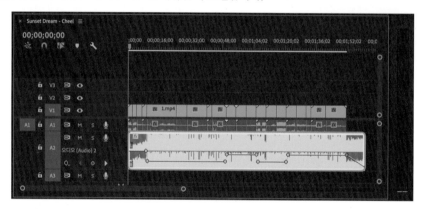

05 배경음악인 A2 트랙의 오디오에 비해 영상 클립의 오디오가 지나치게 큰 경우 개별적으로 조절합니다. [인트로1] 클립을 마우스 오른쪽 버튼으로 클릭하여 [오디오 게인(Audio Gain)]을 선택합니다.

06 [게인 조정(Adjust Gain by)]을 −7dB로 설정하고 확인을 누릅니다.

07 [인트로1] 클립의 오디오 크기가 줄어들었습니다.

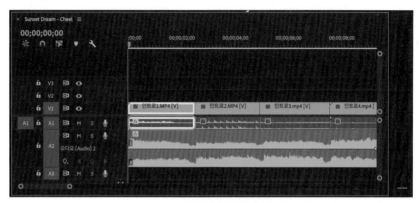

08 영상 클립의 오디오를 제거하는 방법도 있습니다. [인트로3] 클립을 선택하고 마우스 오른쪽 버튼을 클릭하여 [연결 해제(Unlink)]를 선택합니다.

09 A1 트랙에 있는 [인트로3] 클립의 오디오를 선택하고 Delete 를 누르면 오디오가 삭제됩니다.

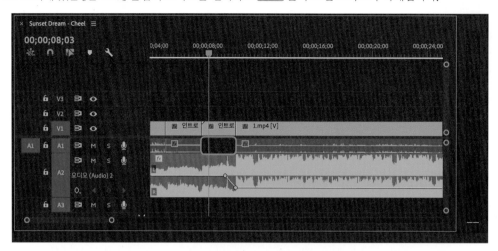

10 개별 영상 클립의 오디오를 자유롭게 조절하고, 영상을 재생하여 전체 영상을 확인합니다. Cmd / Ctrl + S 를 눌러 프로젝트를 저장합니다.

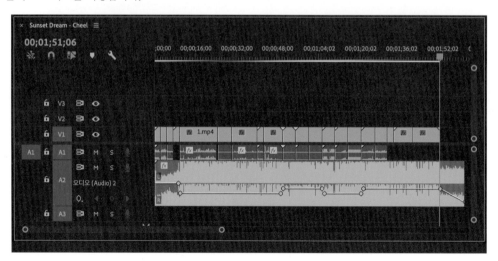

03 비디오에 효과 적용하기

01 클립에 비디오 전환 효과를 적용해 보겠습니다. **효과 패널**에서 '디졸브'를 검색합니다. [비디오 전환(Video Transitions)] – [디졸브(Dissolve)] – [검정으로 물들이기(Dip to Black)]를 선택하여 영상 마지막 부분인 [14] 클립의 뒷부분에 드래그 앤 드롭합니다.

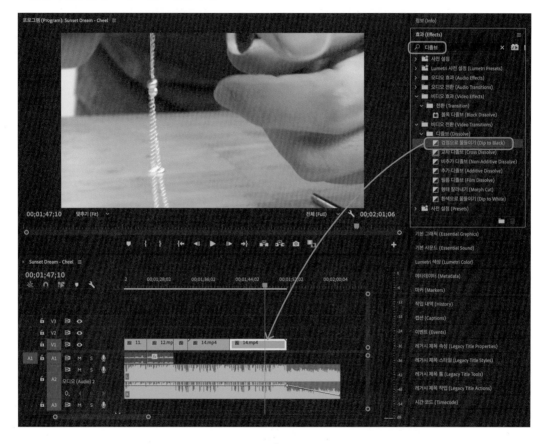

02 [14] 클립이 점점 검은색으로 어두워지면서 영상이 끝나는 것을 확인할 수 있습니다.

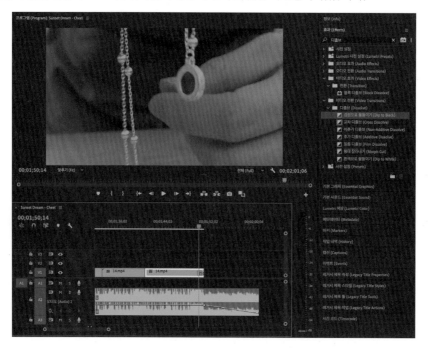

03 클립에 전환 효과를 적용한 후 흔들리는 영상을 보정해 보겠습니다. **효과 패널**에서 '비틀기 안정기'를 검색합니다. [비디오 효과(Vidio Effects)] - [왜곡(Distort)] - [비틀기 안정기(Warp Stabilizer)]를 선택하여 [인트로1] 클립으로 드래그 앤 드롭합니다.

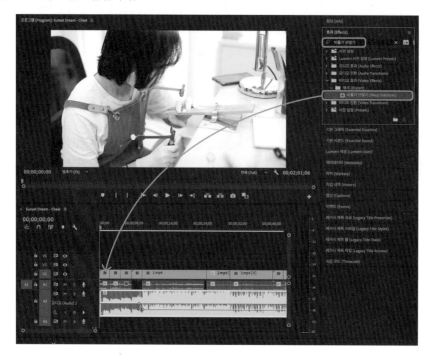

04 **효과 컨트롤 패널**에 [비틀기 안정기]가 추가되면 [매끄러움(Smoothness)]을 5%로 조정합니다. **프로그램 모니터 패널**에 '백그라운드에서 분석중'이라는 표시가 뜹니다. 조금 기다리면 비틀기 안정기 효과가 적용됩니다.

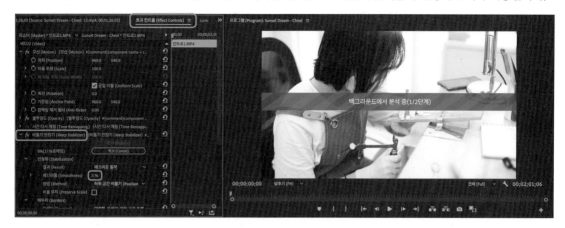

05 이와 같은 방법으로 흔들림이 심한 클립들을 보정합니다. 비틀기 안정기 효과를 적용한 후 **타임라인 패널**의 노란 선이 빨간 선으로 변하는 경우가 있습니다. 이때는 Enter 를 눌러 렌더링을 진행합니다.

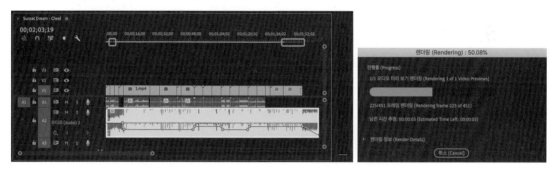

07 **타임라인 패널**의 빨간 선이 초록 선으로 변하면서 영상이 이전보다 부드럽게 재생됩니다. Cmd / Ctrl + S 를 눌러 프로젝트를 저장합니다.

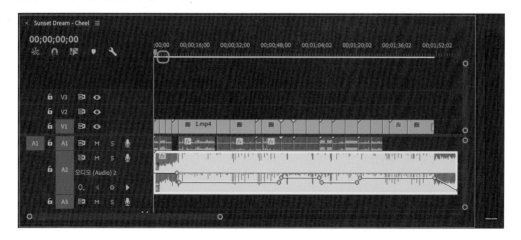

SECTION

04 색 보정하기

01 **프로젝트 패널** 하단에서 [새 항목(New Item)] – [조정 레이어(Adjustment Layer)]를 클릭합니다.

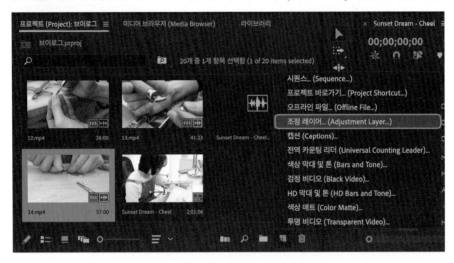

02 [조정 레이어] 창이 뜨면 설정을 그대로 두고 [확인(OK)]을 눌러 새로운 조정 레이어를 생성합니다.

03 **프로젝트 패널**의 [조정 레이어] 클립을 **타임라인 패널**의 V2 트랙으로 드래그 앤 드롭하고, 레이어의 길이를 전체 영상의 길이에 맞게 조절합니다.

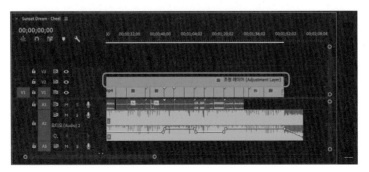

04 [조정 레이어] 클립을 누른 채 상단의 작업 영역 모드를 [색상(Color)]으로 변경합니다. 오른쪽에 [Lumetri 색
상(Lumetri Color)]이 활성화됩니다.

05 [크리에이티브(Creative)]의 Look목록에서 'Kodak 5218 Kodak 2383(by Adobe)'를 선택하여 적용합니다.

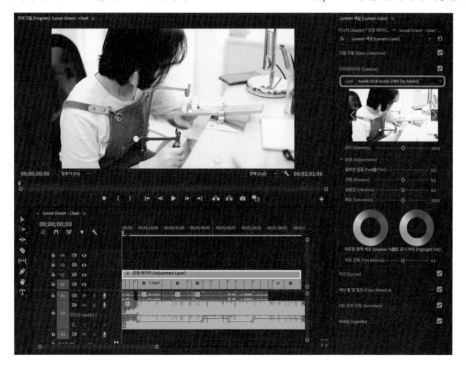

06 [기본 교정(Basic Correction)]에서 온도, 색조, 노출, 대비 등을 값을 조절합니다. 영상을 재생하면 전체 클립의 색감이 비슷하게 적용된 것을 확인할 수 있습니다.

07 [조정 레이어] 클립을 [도구] – [자르기 도구(Razor Tool)]로 자른 후 조절하면 부분적으로 색감을 조절할 수 있습니다.

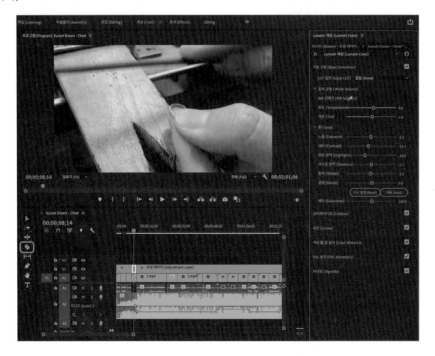

08 이와 같은 방법으로 [조정 레이어]를 활용하여 간편하게 전체 영상의 색감을 조절합니다. Cmd/Ctrl+S를 눌러 프로젝트를 저장합니다.

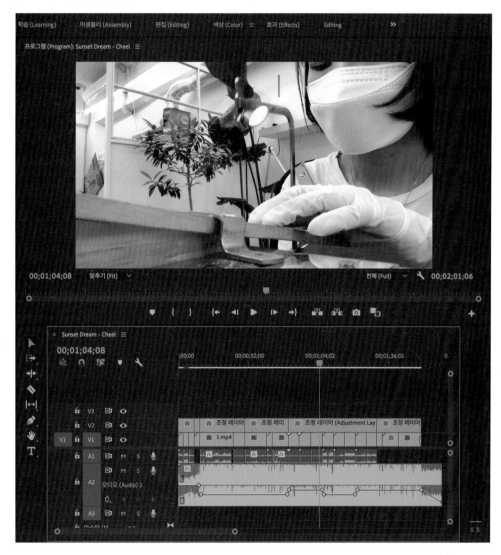

05 인트로 제목 만들기

01 [파일(File)] – [새로 만들기(New)] – [레거시 제목(Legacy Title)]을 선택합니다.

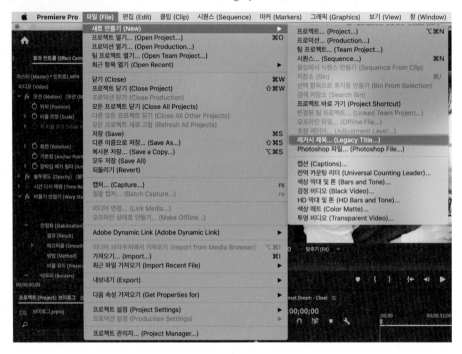

02 [새 제목(New Title)] 창에서 [확인(OK)]을 누르면 [레거시 제목] 창이 열립니다.

03 [텍스트 도구(Text Tool)]로 브이로그의 제목인 'Oneday Class'를 입력합니다. 텍스트를 선택한 후 [레거시 제목 스타일(Legacy Title Styles)]에서 24번째 스타일을 적용합니다.

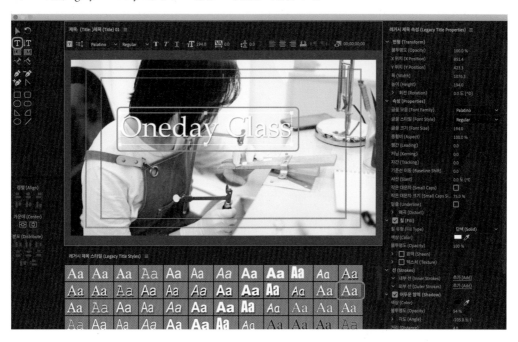

04 [레거시 제목 속성(Legacy Title Properties)] - [속성(Properties)]에서 폰트 종류와 크기를 조절합니다.

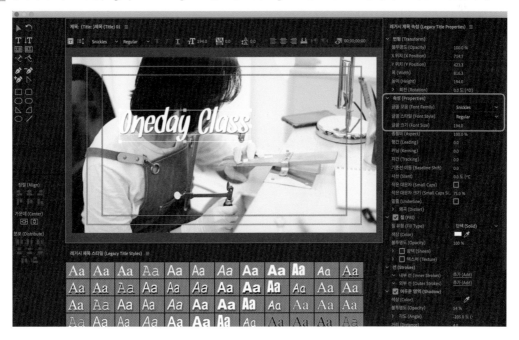

05 [정렬(Align)] – [가운데(Center)]의 두 아이콘을 한 번씩 눌러 텍스트를 정중앙으로 옮깁니다.

06 한 번 더 [텍스트 도구]를 활용하여 '원데이클래스'를 입력합니다. 위치를 적절하게 옮긴 후 창을 닫아 텍스트 편집을 완료합니다.

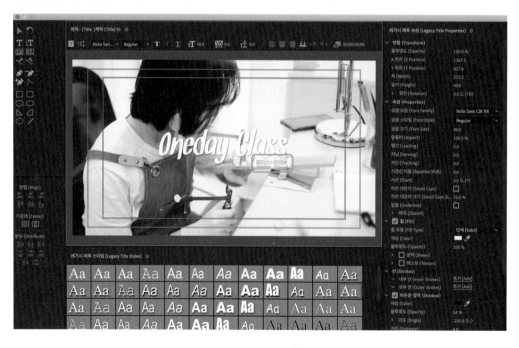

07 **프로젝트** 패널에 [레거시 제목]으로 만든 [제목(Title) 01] 클립이 생성됩니다.

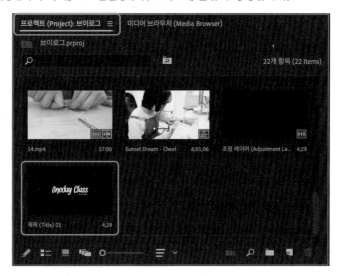

08 [제목(Title) 01] 클립을 **타임라인** 패널의 V3 트랙으로 드래그 앤 드롭합니다. 이때, 제목이나 자막 파일은 반드시 영상 클립이나 색보정 클립의 트랙 위에 있어야 합니다.

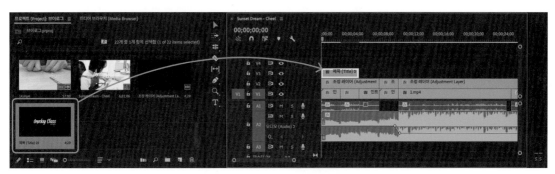

09 인트로 부분의 길이에 맞게 [제목(Title) 01] 클립의 길이를 조절합니다.

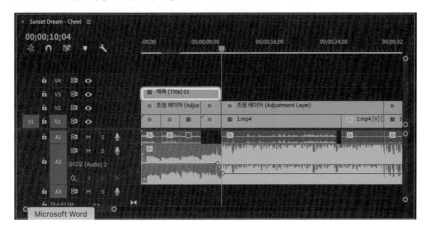

10 **효과 패널**에서 [비디오 전환(Video Transitions)] − [지우기(Wipe)]를 선택하여 [제목(Title) 01] 클립의 오른쪽 가장자리로 드래그 앤 드롭합니다.

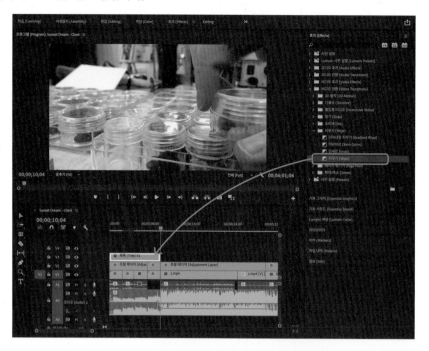

11 영상을 재생하면 제목이 자연스럽게 지워지는 것을 확인할 수 있습니다. Cmd/Ctrl+S를 눌러 프로젝트를 저장합니다.

06 하단 자막 생성하기

01 [도구] – [텍스트 도구(Text Tool)]를 선택하고 **프로그램 모니터 패널**을 클릭하여 텍스트를 입력합니다.

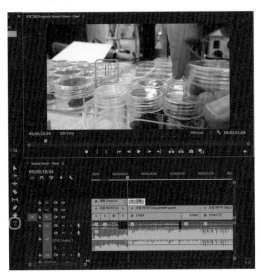

02 **효과 컨트롤 패널**의 [텍스트(Text)] – [소스 텍스트(Source Text)]에서 폰트 종류, 크기, 색상 등을 변경합니다.

03 [선택 도구(Selection Tool)]로 입력한 텍스트를 선택합니다. **Cmd**/**Ctrl**을 누른 채 텍스트를 움직이면 빨간 점
선이 생깁니다. 빨간 점선에 맞춰 텍스트를 화면 중앙으로 옮깁니다.

04 **효과 컨트롤 패널**의 [텍스트(Text)] – [모양(Appearance)]에서 [배경(Background)]의 체크 박스를 눌러 [배경]
을 활성화합니다. [투명도]를 80%, [크기]를 11.5px로 조절합니다.

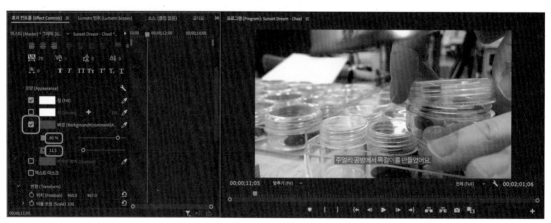

05 첫 번째 하단 자막이 완성되었습니다. 자막 클립을 선택한 상태에서 Opt/Alt를 누르고 오른쪽으로 드래그하여 클립의 복사본을 생성합니다.

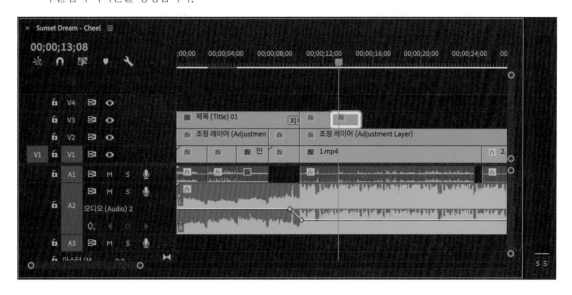

06 복사본을 선택한 상태에서 **프로그램 모니터 패널**의 텍스트를 클릭하여 텍스트 내용을 수정합니다. 하단 배경도 자막의 길이에 맞게 자동으로 변경됩니다.

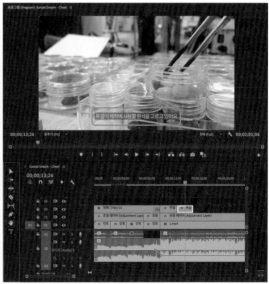

07 이와 같은 방법으로 필요한 자막을 모두 생성합니다.

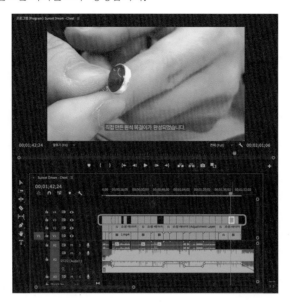

08 영상을 처음부터 재생하면 제목과 자막이 영상과 자연스럽게 어울리는 모습을 확인할 수 있습니다. `Cmd`
/`Ctrl`+`S`를 눌러 프로젝트를 저장합니다.

SECTION

07 내보내기

01 타임라인 패널의 시퀀스를 선택하고 [파일(File)] – [내보내기(Export)] – [미디어(Media)]를 클릭합니다.

02 [내보내기 설정(Export Settings)] 창이 열립니다. [형식(Format)]은 [H.264]를 선택합니다.

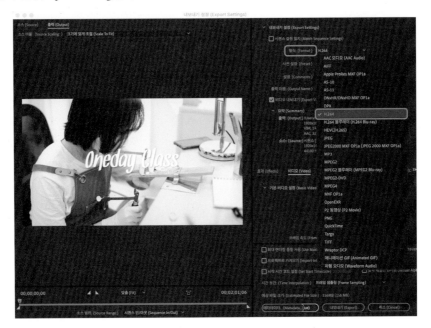

03 [출력 이름(Output Name)]을 클릭하여 영상을 저장할 위치와 영상의 이름을 설정합니다.

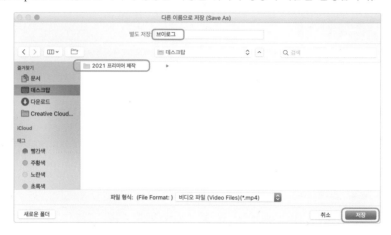

04 설정 후 [저장]을 누르면 [출력 이름]이 변경되어 있습니다.

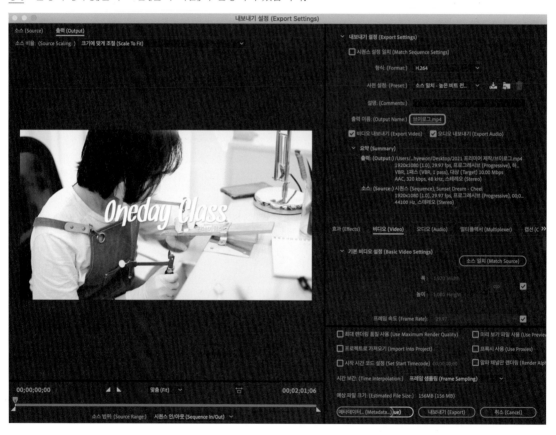

05 오른쪽 하단의 [내보내기(Export)]를 클릭합니다. 필요한 파일의 렌더링 작업이 진행된 후 인코딩이 진행됩니다. 인코딩 완료 후 영상이 성공적으로 출력됩니다.

06 저장한 위치의 폴더에서 출력된 영상을 확인합니다. 브이로그가 완성되었습니다.

완성 영상

Chapter

02

친절한 유튜브 안내서

대표 영상 플랫폼 유튜브에 채널을 생성하고 영상을 업로드 및 관리하는 방법을 알아보겠습니다. 유튜브의 기능을 잘 알아두면 직접 만든 영상을 공유하는 즐거움을 느끼는 동시에 채널을 성장시킬 수 있습니다.

SECTION

01 유튜브 채널 생성하기

01 유튜브에 로그인하여 접속합니다. 우측 상단의 계정 아이콘을 선택하고 메뉴에서 [채널 만들기]를 찾아 클릭합니다.

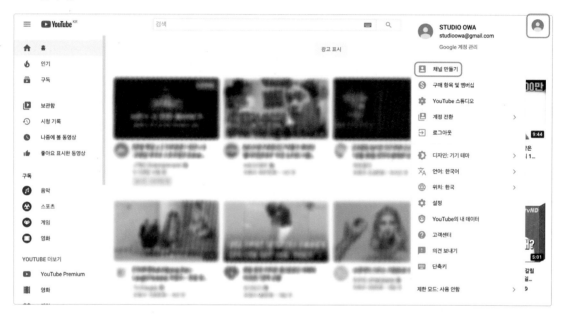

02 크리에이터 활동 시작하기에서 [시작하기] 버튼을 누르면 채널 생성 방식을 선택할 수 있습니다. 기존 구글 계정의 이름과 사진을 그대로 사용하여 채널을 만들거나 새롭게 채널명을 만들어 사용할 수 있습니다. 추후에도 채널명 변경, 이미지 변경을 자유롭게 할 수 있는 [맞춤 이름 사용]을 선택합니다.

03 채널 이름을 작성하는 단계입니다. 한글, 영문, 숫자 상관 없이 작성할 수 있습니다. 보통 검색을 위해 채널의 한글 이름과 영문 이름을 모두 포함하여 작성하는 경우가 많습니다.

04 채널이 생성되었다는 메시지와 함께 채널 설정을 진행할 수 있습니다. 프로필 사진을 업로드하고 채널 설명과 링크를 작성한 후 [저장하고 계속하기]를 누릅니다.

05 채널이 생성되었습니다.

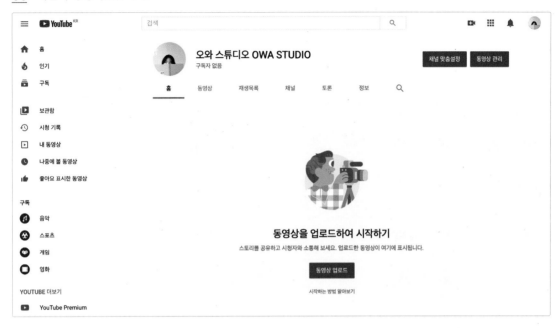

P O I N T

채널 정보 변경하기

추후 프로필 사진, 채널명, 채널 설명 등을 변경하고 싶다면 YouTube 스튜디오의 [채널 맞춤설정] - [브랜딩] 또는 [기본 정보]에서 변경할 수 있습니다.

SECTION

02 동영상 업로드하기

__01__ 유튜브 상단에 만들기█◀ 버튼을 누르고 [동영상 업로드]를 선택합니다.

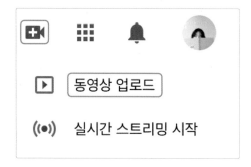

__02__ 동영상 파일을 선택하거나 드래그 앤 드롭하여 업로드합니다.

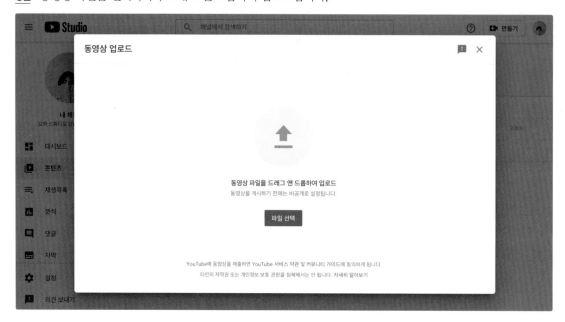

03 업로드할 영상의 세부 정보를 입력합니다.

❶ 100자 이내의 제목과 5000자 이내의 설명을 작성합니다. 제목에는 한글과 영문은 물론 이모티콘도 포함할 수 있습니다. 설명란에는 '#브이로그 #반려견 #미술관'처럼 해시태그(#)를 이용해 작성하면 영상이 업로드된 이후 제목 위에 태그한 키워드가 표시됩니다. 키워드를 여러 개 적더라도 3개까지만 제목 위에 노출되기 때문에 중요한 순서대로 작성하는 것이 좋습니다.

❷ 미리보기 이미지는 직접 업로드하거나 유튜브에서 추천해준 이미지 세 개 중 선택할 수 있습니다. 직접 업로드할 경우 2MB 이하의 파일만 가능합니다.

❸ 옵션 더보기를 선택하면 유료 프로모션 여부와 태그, 카테고리를 설정할 수 있습니다. 간접 광고를 포함해 대가를 받고 영상을 제작했다면 유료 프로모션 체크 박스를 선택합니다. 태그는 최대 500자까지 작성 가능하며, 설명란에 적었던 키워드와 중복되어도 무관합니다. 카테고리는 리스트에서 적절한 것을 골라 선택할 수 있습니다. 이외에도 언어 및 자막, 녹화 날짜 및 위치, 라이선스 및 배포, 댓글 및 평가에 대해 세부 설정을 할 수 있지만 별도로 설정하지 않아도 문제는 없습니다.

04 두 번째 단계인 동영상 요소에서는 영상이 끝날 무렵 내 채널이나 영상을 노출시키거나 영상 중간 중간 관련된 영상을 노출시켜 홍보할 수 있습니다.

❶ 최종 화면에서 어떤 요소를 보여줄지 선택할 수 있습니다. 동영상 1개와 구독 1개를 선택해 보겠습니다.

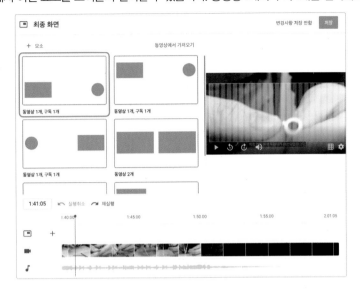

❷ 구독에 해당하는 요소로 채널 프로필 이미지와 동영상 1개로 최종 화면을 구성할 수 있습니다. 동영상은 최근 업로드된 동영상, 시청자 맞춤, 특정 동영상 선택 중 하나를 선택할 수 있습니다.

❸ 하단에 타임라인에서 바를 조절하여 어디부터 채널 이미지와 동영상을 노출할 것인지도 조절할 수 있습니다. 이 때, 최소 5초 이상 노출되어야 하기 때문에 영상 마지막 부분에 여유를 두고 제작하는 것을 추천합니다.

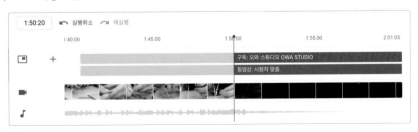

❹ 카드 추가의 경우 동영상, 재생목록, 채널, 링크 네 가지 유형 중 한 가지를 선택해 삽입할 수 있습니다.

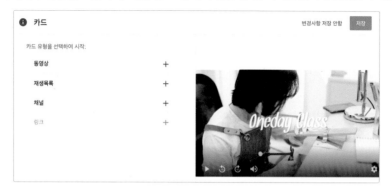

❺ 하단의 타임라인에서 카드를 추가할 지점을 선택하고 동영상을 고르면 해당 영상으로 연결되는 카드가 추가됩니다. 내 채널에 업로드된 영상뿐만 아니라 유튜브에 있는 다른 채널의 영상도 연결할 수 있습니다.

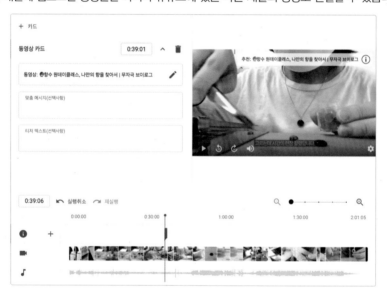

05 마지막으로 공개 상태를 선택하고 [게시] 버튼을 누르면 동영상 업로드가 완료됩니다.

타임스탬프 만들기

타임스탬프는 '00:00' 형식으로 시간을 작성하고 한 칸 띄운 후 관련된 텍스트 내용을 작성하면 자동으로 생성됩니다. 타임스탬프를 통해 사람들이 관심있는 부분을 중심으로 시청할 수 있습니다. 설명란에 타임스탬프를 만들면 영상 타임라인이 타임스탬프에 따라 구간별로 나뉘는 기능도 사용할 수 있습니다. 이 기능을 사용하려면 몇 가지 규칙을 지켜야 합니다.

❶ 첫 번째 타임스탬프는 00:00으로 시작하기
❷ 각 구간별 길이는 최소 10초 이상
❸ 시간 뒤에 텍스트를 작성할 때 최소 세 글자 이상 작성
❹ 타임스탬프는 최소 3개 이상 만들기

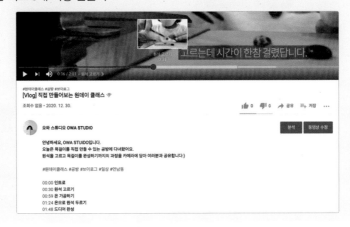

SECTION

03 Youtube 스튜디오로 콘텐츠 분석하기

01 이해를 돕기 위해 필자가 실제 운영 중인 채널에서 진행하겠습니다. 유튜브 상단의 프로필 이미지를 누르고 메뉴에서 YouTube 스튜디오를 선택합니다.

02 YouTube 스튜디오에서 대시보드, 콘텐츠, 분석 메뉴를 중심으로 살펴보겠습니다. 먼저, 첫 번째 메뉴인 대시보드에서는 전반적인 채널 운영 결과를 볼 수 있습니다. 현재 구독자 수와 최신 댓글, 최신 동영상 실적 등을 한 눈에 파악할 수 있습니다.

03 두 번째 메뉴인 콘텐츠에서는 업로드한 콘텐츠의 공개 상태와 조회수, 댓글 수, 싫어요 대비 좋아요 비율을 상세하게 확인할 수 있습니다.

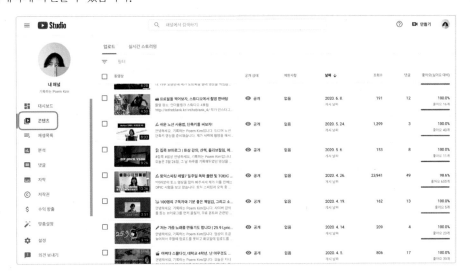

04 세 번째로 분석 메뉴를 선택하면 분석 데이터를 상세하게 볼 수 있습니다. 분석은 개요, 도달범위, 참여도, 시청자층으로 탭이 나뉘어져 있습니다. 분석 기준은 우측에서 설정할 수 있고 지난 7일, 지난 90일, 2020년 등 원하는 기간을 설정하여 해당 기간에 대한 데이터를 분석할 수 있습니다.

❶ [개요]에서 전반적인 조회수 추이를 확인할 수 있습니다. 지난 48시간을 기준으로 한 실시간 조회수를 확인하고 어느 시간대에 조회수가 높은지도 알 수 있습니다.

❷ [도달범위]에서 노출수와 노출 클릭률, 트래픽 소스 유형을 보고 미리보기 이미지(섬네일)의 효과를 예측할 수 있습니다. 노출 클릭률이 낮다면 미리보기 이미지에서 영상의 내용이 명확하게 드러나거나 매력적인 이미지를 포함하는 방향으로 수정하는 것이 좋습니다. 트래픽 소스 유형을 통해 어떤 경로로 영상을 시청하는지도 함께 볼 수 있습니다.

❸ [참여도]에서는 평균 시청 지속 시간뿐만 아니라 시청 시간에 영향을 미치는 구간을 세세하게 분석해볼 수 있습니다. 어느 구간을 시청자가 많이 보고, 어느 구간에서 이탈하는지 확인하면 다음 동영상 제작에 참고할 수 있습니다.

❹ [시청자층]에서는 시청자의 연령 및 성별을 파악하고 내 시청자가 YouTube를 이용하는 시간대를 기반으로 내 채널의 주 시청자층을 고려하고 업로드 시간을 정할 수 있습니다.

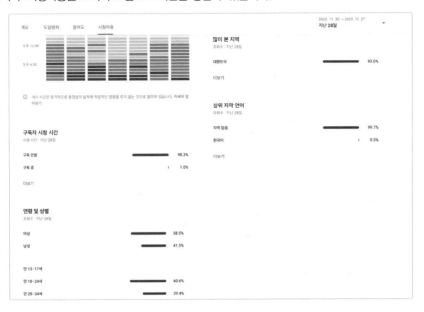

저작권 침해 신고가 발생한 경우

콘텐츠 메뉴 중 제한 사항에서 저작권 침해 여부를 확인할 수 있습니다. 수익 창출이 가능한 채널에서 이러한 일이 발생할 경우, 음악을 변경하거나 제거해야 합니다. 저작권 침해 신고가 발생했더라도 영상이 반드시 내려가는 것은 아닙니다. 영상에 저작권이 있는 음악이 포함되면 유튜브가 자동으로 인식하며, 동영상으로 수익을 창출할 수 없습니다. 원한다면 바로 작업 선택에서 곡을 바꾸거나 노래를 음소거할 수 있습니다.

04 수익 창출하기

YouTube 스튜디오에서 수익 창출 메뉴를 선택합니다. YouTube 파트너가 되면 수익을 창출할 수 있으며, 구독자 1000명과 최근 1년 간 공개 동영상의 시청 4000 시간을 충족해야 파트너 프로그램 가입이 가능합니다. [자격 요건을 충족하면 알림 받기] 버튼을 누르면 추후 자격 요건이 충족되었을 때 이메일을 받을 수 있습니다.

P O I N T

크리에이터 아카데미

YouTube 크리에이터 아카데미에서는 채널 운영에 있어 도움이 되는 전략 및 가이드라인에 대한 강의를 무료로 제공합니다. 유튜브에 대한 이해도를 높이고 싶다면 크리에이터 아카데미 홈페이지(creatoracademy. youtube.com/page/home)를 방문해 보는 것을 추천합니다.

Adobe Premiere Pro 찾아
보기